セックス　コンプライアンス

加藤博太郎

Hirotaro Kato

はじめに

1・5倍に増えた性犯罪の背景

サッカー選手にお笑い芸人……相次ぐ著名人の転落劇

このところ、大きな舞台で活躍する著名人が、突如として「容疑者」に転落するという事例が相次いでいます。

2024年7月14日には、サッカー日本代表だった佐野海舟選手が警視庁に、さらに9日後の23日には、プロゴルファーの杉山知靖氏が神奈川県警に、それぞれ逮捕されました。また、同年10月7日には、人気お笑いトリオ「ジャングルポケット」のメンバー斉藤慎二氏が、東京地検に書類送検されています。

彼らに共通してかけられた容疑は「不同意性交等罪」です。最近、これと「不同意わいせつ罪」という〝不同意〟という名の付いた罪名を報道で耳にする機会が多くなったと感じる読者もいるでしょう。

2023年7月13日に施行された改正刑法で新設された不同意性交等罪は、従来の「強制性交等罪」、「準強制性交等罪」の流れを汲む、性的暴行を規定したものです。

報道によると、佐野選手は逮捕前日の夜から飲食していた知人男性2人と女性2人の計5人で、東京・文京区湯島にあるホテルにチェックイン。その後、女性1人が帰宅したのち、残る女性が110番通報して性的暴行を訴えたため、警察が現場に急行しました。佐野選手を含む男性3人はすでにホテルを後にしていましたが、付近の路上で発見され、任意同行に応じて事情を聞かれたのちに、それぞれ14日夜までに逮捕されていました。

ちなみに私が知るところでは佐野選手は性交の事実そのものを一貫して否定しており、警察も事実上その主張を認めていたようです。そして同年8月、佐野選手を含む3人は、不起訴となっています。

事件後、佐野選手はドイツのサッカーリーグ・ブンデスリーガ1部の名門マインツに移籍し、現在はめざましい活躍を見せています。しかし、日本では性犯罪事案で逮捕されたという事実に対し、厳しい目が向けられており、2025年1月時点では、日本代表への復帰は未定となっています。

一方の杉山氏は、逮捕から遡ること2か月前、神奈川県茅ケ崎市の宿泊施設内で知人であった飲食店勤務の20代の女性に性的暴行をしたとして逮捕されましたが、不起訴になっています。しかし、日本ゴルフツアー機構から事件後の10試合を出場停止する処分が下り、さらに社員として所属していた企業も退社に追い込まれるなど、大きな社会的制裁を受けています。

そしてジャンポケ斉藤氏は、2024年7月、東京・新宿区の路上に駐車していた番組撮影用のロケバスの中で白昼、20代の女性と2人きりになった際に、性的暴行を加えるなどした疑いがもたれています。一部報道では、性的暴行の内容を口腔性交の強要だったと伝えていますが、警察に被害を申告した女性は、「許すことは絶対にできない」と話すなど、処罰感情が強かったことから警察は本格的に捜査を行いました。ただ、逮捕ではなく身柄拘束を伴わない書類送検にとどまりました。

しかし、ご存知の通りその後、斉藤氏は所属していた吉本興業から解雇され、お笑い芸人としての活動の中断を余儀なくされています。芸能界への復帰は厳しい道のりになるでしょう。

しかし、ここで強調しておきたいのは、彼らは皆、裁判所の審理によって有罪が確定したわけでも、起訴されて刑事事件の被告人となったわけでもないということです。司法制度の大前提である「推定無罪の原則」から言えば、彼らは皆、無罪なのです。ところがどうでしょう。前述の通り彼らは大きな社会的制裁を受けています。しかも、不起訴や書類送検という結果に終わり、刑事裁判が行われていないため、公の場で無罪を主張したり、無罪を認定される機会すら与えられなかったのです。

こうした事態は、著名人だけに課せられる「有名税」の類いではありません。

被害証言だけで逮捕されてしまう

警察庁の統計によれば、2024年1~10月の不同意性交等罪の認知件数（警察が被害届などを受けて犯罪の発生を把握した件数）は３２５３件に上り、刑法改正前の強制性交等罪の前年同期比で１・５倍以上に増えています。

一方で、不同意事案で逮捕されたのちに不起訴処分となったケースも、数多く存在します。例えば２０２４年6月に長崎県内で、スナック従業員の女性を乱暴しようとした不同意性交等未遂の疑いで逮捕されていた28歳（当時）の自衛官の男性は、「諸般の事情を考慮した」（長崎地検）として不起訴処分に。２０２３年8月、風俗店から派遣された10代後半の女性に青森県内のホテルでわいせつな行為をしたとして、不同意性交等の疑いで逮捕された50代の中学校教諭も、その後不起訴となっています。

こうした不同意性交容疑の不起訴処分の裏側には、もちろん被害者との間に示談が成立したケースもあると思いますが、起訴や公判維持のための証拠が十分に揃わないなか逮捕に踏み切る警察の拙速さも浮き彫りになっています。

弁護士業界では知られている話ですが、不同意性交等・わいせつ罪に刷新される数年前に、警察上層部は現場に対し、「性犯罪事案は積極的に事件化すべし」という通達を出しているのです（「警察庁丁捜一発第51号、丁刑企発第38号」令和3年5月21

日付）。

このような、警察による強権的とも言える運用を許しているのは、まず「同意しない意思を形成、表明、全うすることが困難な状態での行為は全て黒」という、不同意性交等・わいせつ罪の広範かつ曖昧な成立要件です。

刑事事件において、犯罪の立証責任は、その疑いをかける側（警察や検察）にあります。ところが、不同意性交等・わいせつ罪においては、この成立要件が存在することで、事実上、嫌疑をかけられた側が「同意の存在」を客観的な証拠により立証しなければならないという状況になっています。

もちろん、刑法改正以降の警察の性犯罪に対する積極的な態度により、これまでなら泣き寝入りせざるを得なかった性犯罪被害者に正義をもたらしている側面もあります。しかし、嫌疑が不十分な段階での拙速な逮捕が連発されれば、憲法で保障されている基本的人権を脅かすことにもなりかねません。

過去に遡って逮捕されるケースも

さらに警察は、刑法改正以前に発生した強制性交・わいせつ事案についても、当時よりも積極的に捜査するようになってきている印象があります。

2024年6月、大阪地方検察庁のトップも務めた、60代の弁護士の男性が準強制性交容疑で逮捕され、起訴された一件はその好例です。男性は大阪地検検事正だった2018年2月~2019年11月のいずれかの時点で、酒に酔った部下の女性職員を官舎に連れ込んで乱暴したとみられています。発生から4年以上も経過しているうえ、元地検トップという立場にも容赦しなかったこの逮捕例は、ある種、警察や検察の性犯罪に対する態度を象徴していると言えます。

このように、性犯罪に苦しむ被害者を一人でも減らすためには、法律に基づく警察の厳正な捜査が必要であることは否定できません。

ただ、刑法改正後の性犯罪事案においては、「疑わしきは罰せず」という刑事司法の大原則が置き去りにされているのも事実です。無実であるにもかかわらず性加害の嫌疑をかけられ、仕事や家族を失ってしまう人がいることを、私は弁護士としては見逃すわけにはいきません。刑事司法には「10人の真犯人を逃すとも1人の無辜《むこ》を罰するなかれ」という格言もあります。

少なくとも現役世代でいる間は恋愛や性行為と無関係ではいられないことを考えると、性犯罪の濡れ衣を着せられて全てを失ってしまうリスクは、全ての人々にあると言ってもいいでしょう。そこで私は、読者の方々が男女間におけるさまざまな交渉、特に性交渉を伴う関係についてその法的リスクを最小化し、万が一、性犯罪の嫌疑をかけられた際にも無実を証明できるよう、わかりやすく解説するために筆を執りました。本書が読者の方々の一助となれば幸いです。

目次

第4章 性犯罪の嫌疑をかけられないために――73

第5章 濡れ衣を着せられないための法律武装――97

第1章

不同意性交の定義

ヤっていなくても〝レイプ犯〟になるワケ

突然ですが、男性諸氏に質問です。2023年7月以降、以下のような行為に心当たりはないでしょうか？

①女性の部下と2人で、1泊の地方出張へ。夜、顧客との酒席ののち、出張の予定を全てこなした開放感から、2人は2軒目に行こうという話になりました。

少し千鳥足となっている彼女の手を引きながら、適当な店を探すも、土地勘もない田舎町でのこと。そこであなたが「俺の部屋で飲み直さない？」と提案すると、彼女も頷きました。さらに酔いが回ってきたのか、並んで歩く彼女は先ほどよりもさらにあなたの腕に密着しています。コンビニで買った酒を持って、あなたの部屋へ。

彼女は飲みながら、仕事のグチをぶちまけ始めました。すると、彼女はいつしか泣き始め、あなたに抱きついてきました。ここまでは上司と部下という関係をわきまえていたあなたも、ついに理性が崩壊。そのままベッドに押し倒し、結局一夜を共にしてしまいました。

②男女3対3の合コンに参加したあなた。そのうちの1人の女性を気に入ったあなたは、2次会のカラオケボックスでの「飲みゲー」でも彼女と積極的に交流。お互い酔って盛り上がったところで、「2人だけで飲み直さない？」と耳元で囁き、まんまとお持ち帰りに成功しました。

「どこで飲むの？」と尋ねる彼女に「いい店知ってるから」と答えながら、そのまま近所のラブホテルの方角へ。しかしラブホテルの敷地内で彼女がつまずいて膝を擦りむくアクシデントがあり、酔いが醒めた彼女はタクシーで帰宅してしまいました。

③メンズエステ店で、追加料金を支払い、裏オプションの「手コキ」をしてもらったあなた。興奮のあまりついつい理性を失って相手の女性器に指を入れたところ、「痛い」と怒られてしまいました。慌てて抜いた自分の指先を見ると、爪のあたりにかすかに血が付着していました。

これらのいずれかに、少しでも身に覚えのある方は、覚悟したほうがいいかもしれません。なぜなら、相手方の女性が性被害を訴えれば、あなたは性犯罪者として逮捕され、有罪判決を受ける可能性があるからです。

①のケースでは最悪の場合、不同意性交等罪に。②と③のケースでは、さらに罪の重い不同意性交等致傷罪に問われる可能性が十分にあります。

「そんなバカな」と思われる方が多いかもしれません。しかし最近、私を含め、全国の刑事事件を専門とする弁護士のもとには、実際にこうした行為の末に相手の女性に性被害を訴えられた男性からの弁護依頼や相談が、次から次へと寄せられるようになりました。そのきっかけこそ、改正刑法による不同意性交等罪の新設なのです。

不同意性交等罪の8つの構成要件

不同意性交等罪は、従前の「強制性交等罪」、「準強制性交等罪」から、処罰要件も大幅に見直されています。「5年以上の有期拘禁刑」という罰則は、旧法と同等ですが、不同意性交罪の適用範囲はかなり拡大されているのです。

旧・強制性交等罪において、その構成要件として最も重視されていたのは、罪名の通り暴行または脅迫による「強制性」が認められることでした。また、旧法は相手の心神喪失や抗拒不能な状況を利用した性交を対象としたものでした。

一方で、新たな不同意性交等罪における構成要件は以下の通りです。

・暴行・脅迫
・心身の障害
・アルコール・薬物の摂取
・睡眠時や意識不明瞭な状態

・不意打ち
・恐怖・驚愕
・虐待に起因する心理的反応
・経済的・社会的地位の利用

つまり明白な強制や心神喪失に乗じた性交のみにとどまらず、「睡眠時などの意識不明瞭」や「経済的、社会的関係上の地位に基づく不利益の憂慮」に乗じた性交も処罰の対象となっているのです。「酔わせてラブホテルへ」なんていうのももちろんＮＧですし、例えばキャバクラの女性キャストと客という関係性も「経済的関係上の地位に基づく不利益」と判断されるかもしれえません。

簡単に言えば、相手方の「同意しない意思の形成、表明、全うが困難な状態」での性行為は全てＮＧと心得ておいてもいいでしょう。

同意を証明できなければ性加害者になるのか

こうした刑法改正の背景としては、性犯罪・性暴力被害に対する社会的関心の高まりや、暴行・脅迫だけでなく心神喪失・抗拒不能を成立要件として規定する刑法上の性犯罪について、従前の刑法には解釈・適用にばらつきがあり、被害者が声を上げにくいなどの問題点が指摘されていたことが挙げられます。そこで、性犯罪構成要件の大幅に見直し、同意を証明できない性的行為を全て処罰対象としているのが、不同意性交等・わいせつ罪なのです。

不利な立場に置かれやすい、女性に寄り添った改正内容となっていることについては私も評価するところです。ところが、問題なのはその運用です。

特に不同意性交・わいせつ容疑については、警察は被害を訴える女性の証言のみで本格的な捜査に着手する傾向が強く見られます。

冒頭の①のケースでは、部下の女性が「相手が上司だったので断れば職場で不利な立場に立たされる可能性があった」と被害を訴えれば、あなたは捜査対象となってしまう可能性があります。加えて「顧客の前という断ることのできない状況で酒を飲まされたことで、正常な判断ができない状況になっていたことにつけ込まれた」と主張されれば、あなたの立場はますます不利となるでしょう。

仮に警察の捜査が始まれば、あなたの自宅だけでなく、場合によっては職場も家宅捜索の対象となるかもしれません。

②のケースでも「不同意を表明する暇がなかった」と証言されれば、あなたは捜査対象になってしまうリスクがあります。加えて、女性が、あなたが手を引いたために転んでケガをしたと主張すれば、さらに罰則の重い不同意性交等致傷罪が適用され、有罪となれば懲役6～20年または無期懲役刑が下される可能性もあるのです。

ちなみに最終的に性行為に及んでいなくても、その目論見があったことが証明されれば不同意性交等致傷罪は成立します。

③のケースは、相手の同意を得ずにオプションを超えた行為をし、出血にまで至ったとなれば当然男性に非がありますが、男性器の挿入には至っていません。しかし、改正刑法においては、女性器への指や異物の挿入も男性器同様に「性交」とみなされ

ます。つまり、同意を得ずに指を入れたという行為は、不同意性交と解釈され得るのです。しかもそれによって女性器から出血したことが認められれば、不同意性交等致傷罪に問われる可能性は十分にあります。

不同意性交等罪では、犯罪の性格上、被害者の証言のみで逮捕状が請求され、家宅捜索が行われることが頻繁にあります。まだ新設されたばかりで、判例が積み上がっていないために、どこまでの捜査をするべきかの判断基準が警察内部で形成されていないことも影響していると思われます。

あなたに自覚がなかったとしても、女性が被害を受けたと感じれば、あなたは性犯罪の加害者として捜査の対象になる可能性が高いということです。

ガサはある日突然やってくる

では、不同意性交の被害届が受理され、あなたが捜査対象となると、どうなるのでしょうか。警察の捜査の進め方や証拠の点数などによっていくつかのパターンがありますが、受理から早くて数日後、ときには半年が経ってから、あなたの自宅に何の前触れもなくガサ（家宅捜索）が入ります。

「ピンポーン」

平日の早朝、自宅で就寝中だったあなたは、インターフォンのチャイムで目が覚めます。何かの間違いかと思い、布団から出ずにいると、今度は2度続けてチャイムが鳴らされます。

しかもその音は、マンションの共同玄関からではなく、部屋のドアの外側からの呼び出し音です。

「なんて非常識なやつだ」

そうイラつきながらインターフォンに出ると、相手はぶっきらぼうにこう言い放ちます。

「警察です。ドアを開けてください」

何のことなのかわからず、立ち尽くすあなた。するとドアを向こう側からドンドン叩く音と、「開けろ！」という声が聞こえてきます。

（これは近所迷惑になってしまう）

　そんな思いでドアを開けたところ、一気に複数の男たちがバタバタと入り込んできます。

「今から裁判所からの捜索差押許可状を読むので聞いてください」

　リーダー格の男が、白い紙を手に掲げながらそう言うと、あなたの名前と生年月日を読み上げたうえで、こう続けます。

「あなたに対する不同意性交被疑事件について、下記の通り、捜査および差し押えをすることを許可する」

　不同意性交という言葉に、あなたはうろたえます。しかし、どれだけ記憶を辿っても、あなたには女性と性的なトラブルになった覚えは全くありません。

「相手は一体誰なんですか？」

　そう聞いても、警察は誰に対する被疑事件なのか、この時点では教えてもらえません。

捜索差押許可状の読み上げを終えた警察は、靴を脱いで部屋に上がってきます。彼らは寝室に直行し、枕元で充電中だったあなたのスマホと、デスクの上に置いてあった仕事用のノートパソコンを、持参した段ボール箱に入れてしまいます。

「え、ちょっと待ってください」

それがないと仕事にならないあなたは、そう言って抵抗しますが、彼らが手を緩めることはありません。さらに机の引き出しやクローゼットの中まで乱雑に物色し、以前使っていたスマホやメモ帳までも段ボール箱に入れていきます。

彼らの突然の来訪を受けて約1時間、そろそろ出社しなければならない時間です。そう訴えても、彼らは「終わるまでは立ち会ってもらいます」と告げるのみ。「では職場に連絡させてください」と言っても「それはできないので」と先ほど取り上げたスマホを返してもらえません。

あなたが完全に潔白だとしても、この時点では弁解の機会すら与えられません。身に覚えのない嫌疑をかけられているとすれば、これを理不尽と言わずして何と言うべきでしょう。

もちろん、性犯罪はもってのほかです。女性にとってはこれまでなら泣き寝入りせざるを得なかった性被害についても、正義を勝ち取ることができるようになりました。

しかし、不同意性交等罪の新設以降、男性にとっては恋愛や夜遊びの現場における法的リスクが格段に高まったのも事実です。「行きずりの恋」や「ワンナイトスタンド」などは特に襟を正し、女性の意志を尊重しつつ、明確な同意を確認すべきでしょう。

性行為以外の法律も厳格化している

また、不同意性交等罪の新設を伴う２０２３年7月の刑法改正にあたっては、他にも性犯罪に関連する複数の罪が新設されています。

まず、スマートフォンの普及を背景に被害を訴える声が高まっていた、性的な部位や下着姿などを相手の同意なく撮影・盗撮する行為に対する「性的姿態撮影罪」です。

法定刑は、３年以下の拘禁刑または３００万円以下の罰金で、時効は3年です。

さらに性的姿態撮影罪に該当する画像や映像を第三者に送信したり、ネット上で不特定多数に公開するなどした場合は、「性的影像記録提供等罪」として、5年以下の懲役または500万円以下の罰金と、一層重い刑罰に処されます。

また16歳未満に対して、金銭を渡すことを約束したり脅すなどしてわいせつや性交目的で会おうとした場合には「面会要求罪」として1年以下の拘禁刑または50万円以下の罰金が、実際に面会した場合には2年以下の拘禁刑または100万円以下の罰金という刑罰が科されます。

これだけではありません。16歳未満に対して性交等をする姿や性的な部位を露出した姿などの写真や動画を撮影して送るように要求した場合には「映像送信要求罪」として1年以下の拘禁刑または50万円以下の罰金となっています。

こうしたなか、かつてであれば問題視されなかった行動も、現在の基準では性犯罪にあたるというケースがいくつもあるのです。特に同意形成の難しい16歳未満に対する行為は許されません。

人間誰しも恋愛や性行為と無関係ではいられないことを考えると、現段階では自覚のない多くの人間が一夜にして性加害者の烙印を押されるリスクがあるということです。

挿入しなくても不同意性交等致傷になる

2024年5月、宮崎地裁は不同意性交等致傷の罪に問われていた元宮崎市議の「スーパークレイジー君」こと西本誠氏に、懲役4年6か月を言い渡しました。世間でも大きな話題をさらった一件でしたが、私にとっても人ごとではない裁判でした。というのも、西本氏の弁護人を務めていたのはこの私だからです。

「2023年9月3日、宮崎市内のホテルに連れ込んだ知人女性を押し倒し、馬乗りになるなどしたうえ、性的暴行をしようとし、左手に約3週間のケガをさせた」

これが本件の起訴内容でした。ここに「しようとした」とある通り、性的暴行を既遂した事実はありませんでした。ところが、西本氏が問われた罪名に「未遂」の文字はありません。

「177条（不同意性交等罪）若しくは179条2項（監護者性交等罪）又はこれらの罪の未遂罪を犯し、よって人を負傷させた者は、無期又は6年以上の懲役に処する」

これが不同意性交等致傷罪の条文です。つまり、不同意性交自体は未遂に終わっていたとしても、その過程で相手にケガを負わせていれば、同罪は成立してしまうのです。しかも、無期懲役の可能性もあり、その法定刑は5年以上の有期拘禁刑と定められている不同意性交等罪よりも一層重くなっています。

これ自体は、改正以前の刑法においても同様で、性交自体が未遂であっても旧・強制性交等致傷罪は成立していました。

ただ、旧・強制性交等罪の成立要件は、「暴行又は脅迫を手段として被害者が反抗するのが著しく困難な状態にして性交等を行っていること」でした。

当時の報道にもあるように、西本氏は、ホテルに入る際に暴行はしておらず、部屋の滞在は20分程度で、女性と肉体関係はなかったと主張しています。また、ケガについては、ホテルを出た後に女性が転倒したのではと説明しました。ただし、ホテルに入るときに手を強く引いたことは本人も認めており、裁判所はケガの一部は手を引いた時のものであると認定しました。

つまり「被害者が反抗するのが著しく困難」と言えるほどの状態だったかどうかは、はっきりとは立証されていないのです。しかし、不同意性交等致傷の成否において、その点は重要ではありません。

第一審の判決は懲役４年６か月で、懲役７年という検察側の求刑からは減刑され「懲役6〜20年または無期懲役」という不同意性交等致傷罪の罰則の下限も下回るものでした。これはまず示談金を用意していることがひとつ。加えて、行為自体が行われていないこと、主なケガは逃げる時のものであり暴行によるものではないことがポイントとなりました。結果、酌量減刑となりました。

ただ、弁護人としては懲役3年以下の執行猶予付き判決が妥当だと考えていたこともあり、一旦は控訴を申し立てました。ところが、西本氏の希望でこれを取り下げ、実刑が確定しました。

スーパークレイジー君からの教訓

本書の読者諸氏にはぜひ、西本氏の事案を教訓として生かしていただきたいと思います。例えば、ナンパした女性とホテルへ向かう途中、酔った女性の手を引いたり、肩を組んで先導していたときに一緒に転倒してしまった場合でも、女性側がケガをすれば、最悪、不同意性交等致傷罪になる場合があるのです。

こうした事態にならないよう、たとえ合意があったように見えたとしても、軽率な行動は慎むべきです。

さて、一方で不同意性交には至らぬまでも、不同意わいせつ罪で有罪判決が出たケースも見てみましょう。

2023年4月、山形地裁は入院先の病院で自らのリハビリを担当していた20代の女性に不同意わいせつを行ったとして起訴された70代男性に、懲役1年6か月、執行猶予4年間の判決を下しています。

しかし、裁判で認定された事実を見ると、男性の行為はあまりにも悪質です。男はカーテンを閉め切った病室のベッドで、女性の「太ももをなでる」、「胸を触る」のみならず、「陰部をこするように触る」という行為にまで及んでいたとされているのです。さらに女性は被害に遭ったショックから適応障害と診断され、休職せざるを得なくなったと報じられました。

法律論からしても、男性の行為は、「わいせつ」に収まるギリギリの範囲だと思います。生々しい話になってしまいますが、陰部をこするだけにとどまらず、指の挿入まで認定されていたとすれば、男性は不同意性交等罪で起訴されていた可能性があります。また、指の挿入は認定されずとも、陰部をこするように触った行為の目的が、指の挿入だったと認定されれば、不同意性交等未遂罪で起訴される可能性も否定できません。

というのも、現行の刑法では「性交」の範囲は膣や肛門、口腔への陰茎の挿入にとどまらず、膣と肛門については指や物を入れる行為まで含んでいるからです。不同意わいせつ罪の罰則が6月以上10年以下の懲役であり、懲役3年以下の判決の場合には執行猶予が付く可能性もあります。不同意性交等罪は執行猶予の可能性のない5年以上の拘禁刑。未遂の場合には減刑される可能性はあるにせよ、法定刑は既遂と同じとなっています。

つまり、わいせつと性交、どちらを認定されるかによって、その量刑には大きな違いがあります。

ただ、前述の西本氏の判決でもそうだったように、裁判所の酌量により、罰則の下限を下回る判決が出ることもあります。起訴内容は大筋で認めながら、量刑については争うことで、有罪となった場合でも、懲役3年で収まることもあります。3年以下の懲役・禁錮については、執行猶予付き判決を獲得できる可能性もあるので、被告のその後の人生に大きな影響を与えます。

執行猶予が付くか付かないかは、刑務所に収監されるかどうかという点でも重要ですが、刑に服してからの人生にも大きく影響することも胸に刻んでおくべきです。

性犯罪者という社会的スティグマ

２０２４年6月、「日本版ＤＢＳ法案」が可決され、法律として成立しました。現在のところ、施行は２０２６年度中とされています。

日本版ＤＢＳとは、子供と接する職種の就労者の性犯罪歴を雇用主が照会し確認できるようにする制度です。照会の対象となるのは、不同意性交やわいせつ、児童ポルノ禁止法違反などといった「特定性犯罪」で実刑判決（つまり執行猶予なし）を受け、過去20年間に懲役刑や禁錮刑で服役していた場合と、過去10年間に罰金刑以下の処分や執行猶予付きの判決を受けていた場合です。

同法案では、学校や保育園、認定こども園で働く就労者については、性犯罪歴の確認が義務付けられるほか、学習塾や児童クラブ、スポーツクラブを運営する民間事業者も、任意で照会を行うことができるとしています。ただ、日本版ＤＢＳが対象とする職種は、今後拡大していくことも考えられ、性犯罪で実刑判決を受けた前歴者は、残りの人生の大半で、職業選択の自由を大幅に制限されることになるのです。

自業自得と言えばそれまでかもしれません。しかし、過ちを犯した者を更生させ、社会復帰を促すという司法の最も基本的な役割から見れば、服役終了後も20年にわたりに継続されるペナルティは、矛盾を孕んでいるとも言えます。

これまでお話ししたように、被害の申告のみで性犯罪者として逮捕されてしまうような冤罪が生まれやすい状況下で、この制度が公正に機能するのかについては疑問も残ります。

さらに、無期限で続く制裁もあります。性犯罪者が背負わされる社会的スティグマです。

刑法改正以降、不同意性交容疑による逮捕事例は、毎週のように報じられています。しかし、警察に逮捕された時点では、容疑者に過ぎず罪が認定されたわけではありません。逮捕された容疑者の一部は、その後、釈放されたり、不起訴になったり、さらには裁判で無罪になったりするわけです。

ところが、不同意性交の容疑者として逮捕された人物が、その後どうなったかについては、ほとんど報道されることはありません。つまり、ひとたび性犯罪の容疑者として実名報道されてしまえば、その後に無実が証明されたとしても、マスコミは名誉挽回をしてくれないのです。一方で、ネット上のニュース記事は10年、20年と残り続けます。数十年前の事件でも、名前で検索すれば過去の逮捕報道が見られる地獄のような環境にあります。

不起訴や無罪を勝ち取って自由の身になっても、世間からの「不同意性交容疑で捕まった人」というレッテルは、一生ついて回ります。

性犯罪者の烙印を押されないためには、全く身に覚えのない性犯罪の嫌疑をかけられたとしても、とにかく警察に逮捕されないことが最も大事なのです。

第2章

夜の街にはびこる性犯罪トラブル

パパ活・ギャラ飲みに潜むリスク

性犯罪トラブルのリスクが特に高まるシチュエーションの代表例が夜の街です。先に紹介した著名人のケースや報道されている不同意性交事案も、夜の街が舞台になってるものが少なくありません。

まず、夜遊び好きの男性諸氏には胸に刻んでおいてもらいたい戒めがあります。それは、「ハメを外す際にも一線をわきまえよ」ということです。

日本社会には、キャバクラや風俗など、女性との触れ合いを求める男のサガを叶えるサービスはいくつも存在します。そこに近年、彗星の如く2つの新形態が現れました。「パパ活」と「ギャラ飲み」です。聞きなれない読者のために、これらの概要についてご説明しましょう。

パパ活は、基本的には男女1対1で、男性は女性に「お手当」という名の報酬を支払い、その見返りとして食事やデートなどの疑似恋愛に付き合ってもらうというものです。

一方のギャラ飲みは、主に男性らが開く酒宴に、単独もしくは複数の女性に参加してもらう代わりに報酬を支払うという、いわば有償の合コンです。

どちらも男女を結びつけるのはＳＮＳや専用のマッチングアプリで、基本的には女性はキャバクラやデートクラブのように業者に管理されているわけではありません。また、どこまでのサービスを提供するかというのも女性によって曖昧で、明文化されているわけでもないため、男女の思惑のズレによってトラブルも発生しがちです。

こうした新たな出会いの形態で、問題になってくるのが「性加害トラブル」です。異性間で行われるこれら２つの「取引」の過程で、性加害の嫌疑をかけられる男性が急増しているのです。

パパ活でもギャラ飲みでも、女性の目的は言うまでもなくお金です。そのため、男性に気があるようなそぶりを見せることもあるでしょうが、それも〝ビジネス〟の一環なのです。にもかかわらず、「この子は俺に気がある」などと勘違いし、女性に触れたり抱き寄せたりした男性が、不同意わいせつで被害届を出され、逮捕されてしまうという事例も少なくありません。

高騰傾向にある示談金相場

さらに危険なのは、食事やお酒では飽き足らず、追加のお手当を渡してさらに親密な関係に及んでしまった場合です。LINEでのやりとりなど、交渉内容が証拠として残っていれば反論もできますが、さもなければ女性の証言ひとつで、不同意性交の加害者として逮捕されてしまうリスクもあります。

実は2023年の刑法改正以降、パパ活・ギャラ飲み界隈では示談金目当てに警察に駆け込む女性が増えています。もちろん、本当に性的被害に遭った女性たちが告発するケースが大半ですが、なかには虚偽告訴をする女性もいます。

その一因として挙げられるのは、示談金相場の高騰です。

かつて、強制性交事案の示談金の相場は200万~400万円程度でした。しかし、改正刑法によって不同意性行等罪にその名を変えてからは、逮捕や起訴される確率が上昇し、さらに罰則も強化されたことを背景に相場が跳ね上がり、現在500万円とも1000万円とも言われています。こうしたなか、女性が示談金を目的に虚偽の性被害を訴えて示談金をせしめるというケースも、一部ではありますが存在するのです。

西麻布・六本木では、ギャラ飲みや合コンに紛れて富裕層の男性を狙う「美人局《つつもたせ》グループ」が暗躍しています。

まず主犯格が、脇の甘そうな富裕層の男性をターゲットとしてピックアップし、美女を差し向けます。美女は、男性をその気にさせて男性宅もしくはホテルへと移動し、性交渉に応じます。

しかし、行為の途中で「やめて！」と言い出し、携帯電話で警察に通報するのです。その後はグループが抱える悪徳弁護士が登場。あらかじめリサーチしておいた男性の懐具合から見て、応じるであろう最高額の示談金を提示し、支払わせるのです。私が知るケースでは、女性の取り分は示談金の半分。、残りを主犯格と弁護士で山分けしていました。

女性の交際相手が入れ知恵をして、男性を性犯罪者に仕立て上げるというケースもあります。初めから示談金目的のいわゆる美人局というケースもありますが、それだけではありません。自分の恋人がパパ活やギャラ飲みをしていた事実を知って怒り、相手の男性に報復するために女性に虚偽告訴をさせるというケースも少なくないのです。女性も交際相手への負い目から、そうした要求を受け入れてしまうわけです。

私は数年前、親しくなった女性の交際相手の男性から恐喝を受けたという男性スポーツ選手の代理人を務めました。彼とその女性の出会いは「会員制ラウンジ」と呼ばれる場所でした。

こうした会員制ラウンジは、通常のキャバクラのような、「店内限りの関係」ではなく、男女ともにパパ活や愛人関係のパートナーを探す「出会いの場」としても機能していることを付け加えておきます。

彼もその女性と、別の機会に店外で会うなど交流があったようです。しかし、いわゆる男女の関係ではありませんでした。ところが、女性の交際相手の男性から突然、「(2人の関係を)週刊誌に流す」などと脅迫され、数百万円を要求されたのです。

彼から依頼が来たのはこの要求された時点でした。もちろん相手の脅迫には応じませんでした。

すると、しばらくして、交際相手の男性がタレコミしたと思われる、虚偽の内容を含んだ話が、一部の週刊誌で報じられたのです。

一方、彼と私はこの一件を恐喝事案として警察に被害届を提出しました。それにより
その後、交際相手の男性など計3人が恐喝未遂で逮捕されました。のちに、明らかになったことですが、犯行の動機は女性（恋人）への嫉妬心でした。

性加害の現場に同席しただけで逮捕

さてここで、ギャラ飲みにつきまとう特有のリスクについても強調しておきたいと思います。自身は女性に指一本触れていなくても、一緒に飲み会に参加した仲間のせいで、性加害者となってしまう危険性があるのです。

以下は、私が実際に相談を受けた実例をもとにした、想定シナリオです。

学生時代の友人であるAとBと3人で久しぶりの酒宴。思い出話でひとしきり盛り上がったものの、「男だけだと色気がない」という話になったところで、あなたは「ギャ

ラ飲みアプリ」を使って女性を呼ぶことを提案します。

残る2人も「いいねぇ！」と乗り気で、あなたがSNSで情報を見つけたアプリにその場で会員登録。「2時間1万円ずつ」という条件で相手を探していた女子大生2人組と話がまとまりました。

待ち合わせ場所に指定したラウンジバーに現れた2人（X子、Y子）は、アプリで公開していた写真通りの美女。男性陣のテンションも一気に爆上がりです。

X子はギャラ飲み経験が複数回あるということでしたが、Y子は初めてとのことです。ルックスのレベルの高さもさることながら、会話のノリもいい子たちで、約束の2時間はあっという間に過ぎ、終電時刻寸前になっていました。

約束の通り、2人に1万円ずつを手渡すと、X子は思いがけない言葉を口にしました。

「えー、もう終わりなの？　もっと飲みたいんだけど⁉」

そしてX子は、あと2時間、同じ条件で延長しないかと打診してきました。

「これはもしかすると、いいことがあるかもしれないぞ」

そんな不純な期待を胸に秘めながら友人らと目を合わせます。以心伝心で男性陣の総意を得たあなたは、女性２人にこう提案します。

「よかったらうちで宅飲みしない？」

この誘いに、X子はY子に相談することもなく、こう応じます。

「帰りのタクシー代くれるならいいよ！」

これに二つ返事で答えた男性陣。５人は、そこから2キロほどの距離にあるあなたの自宅に、徒歩で向かうことになりました。途中、コンビニに立ち寄り、酒やつまみを買うことも忘れませんでした。

あなたの自宅に到着すると、ゲームで負けた人がグラスのウォッカをイッキ飲みする「飲みゲー」が始まりました。

ゲームに負けたにもかかわらず、女性がイッキを躊躇すると、男性陣は「コール」を浴びせ、手拍子も取って、グラスを空にするよう彼女たちに迫ります。女性は、渋々という表情でこれを飲み干していましたが、明確に拒絶するようなそぶりは見せませんでした。

やがて、あなたの提案で罰ゲームの内容はイッキ飲みから「キス」に変わりました。これが契機となり、気がつくとAとX子、BとY子はそれぞれ親密なムードになっています。特にBは、泥酔した様子のY子の下半身までまさぐり始めています。一方、1人取り残されたあなたはふてくされ、そのまま寝落ちしてしまいます。

夜が明けました。朝起きると、部屋には誰もいませんでした。

それから昨夜何があったかAとBにLINEで聞きました。そして憤慨します。Bはあなたが寝ている間に、勝手に寝室を使いY子と「最後まで行った」と言うのです。

さらに、金銭トラブルが発生していたことも知ります。AとキスまではいったX子でしたが、約束の2時間が過ぎると、コトが済んでBと寝ていたY子をベッドから引きずり出して「帰る」と言い始めたそうです。そして、タクシー代として、1万円ずつを要求したと言います。

Aは、酒に酔っていたことや、キス以上の行為に進めなかったことへの不満もあり、これを拒絶。X子は捨て台詞を吐きながら、泥酔したY子を抱えるようにして帰っていったとのことです。

それから半年が経ちました。

突然、あなたとA、Bの３人は警察に逮捕されてしまいます。容疑はY子に対する不同意性交等罪です。

あなたは指一本触れていないにもかかわらず、犯行場所を提供したうえ、ともにY子に酒を飲ませるなど、Bの犯行をAとともに幇助した従犯として、容疑者にされてしまったのです。あの夜から数日後、X子に伴われたY子が警察署を訪れ、被害届を出していたのです。

「まさか」と思われるかもしれません。しかし、不同意性交等罪においては、女性に性的接触を行っているか否かにかかわらず、第三者の犯行を現場にいながら状況を看過しているだけでも共同正犯や従犯として罪に問われる可能性が高いのです。

集団性加害の厳罰化のきっかけ

例えば、２０１８年に10人以上の逮捕者を出した〝ナンパ塾〟「リアルナンパアカデミー」の集団性加害事件を思い出してください。

リアルナンパアカデミーでは、ナンパのテクニックを男性向けに指南するマニュアル本販売やセミナー開催の一方で、塾長と塾生がナンパを実践。拠点としていたマンションに連れ込んで飲酒させ、酩酊した女性に集団で性加害に及んでいました。

逮捕者のなかには、犯行現場に同席していただけで、物理的に性加害には参加しなかった人物もいました。しかし、「目的を認識していた」準強制性交等罪の共犯として、執行猶予付きの有罪判決を受けています。

また私の知っている別のケースでは、こんな事例もあります。

男性2人がナンパした女性を車に乗せました。しばらくして、後部座席で女性に男性の1人が襲いかかったのです。このとき、行為に及んだとされる男性とともに、車を運転していた友人男性も共犯として起訴され、行為には直接参加していなかったにもかかわらず懲役5年の判決が下りました。

集団性加害に強い態度で臨むようになったきっかけは、2003年に発覚した、いわゆる「スーパーフリー事件」です。

最終的に14人の男性が逮捕されたこの事件では、学生サークルとして催した飲み会やイベントに参加した女性らを酩酊させ、集団で性加害に及ぶという行為が繰り返されていたのです。結果、２００１年から２００３年にかけての、それぞれ女性１人を被害者とする３つの事件が起訴され、リーダー格の男性に懲役14年、そのほかの13人にも10年の実刑が確定しました。

しかし、同サークルでは１９９８年頃から常習的に集団性加害が行われており、一説には１００人以上の女性が被害に遭っていたとも言われています。

また、性加害のターゲットになると知りながら、被害者らに飲酒させたり、犯行現場におびき寄せたりした〝共犯者〟も、男女問わず数十人いたとされています。しかし当時の強姦罪や強姦致死傷罪においては、そうした幇助犯を罰することができず、多くの共犯者が逮捕を免れました。

その反省から、２００４年に新設されたのが集団強姦罪・集団強姦致死傷罪です。

両罪により、２人以上の者が共同して強姦または準強姦に及んだ場合に、単独での犯行時よりも法定刑を加重すると同時に、実際に性行為に参加していなくても、その場にいただけで成立することになりました。

その後、両罪ともに2017年の刑法改正で強制性交等罪に吸収され、現在の不同意性交等罪に引き継がれています。つまり、現在でも複数で不同意性交に加担した場合は、単独での犯行よりも罪は重くなり、直接性交を行っていない者も、犯行を幇助したり、その場に同席しただけで、処罰対象となります。

ともかく、パパ活やギャラ飲みのような、定義が曖昧な遊び方をするときこそ、襟を正して一線をわきまえるようにしましょう。

性的接触を前提にしている風俗と比べ、性加害の嫌疑がかけられれば、より不利な立場に置かれやすいとも言えます。

また、相手からの特別な好意を感じたり、性的行為の同意があったように見えても、それはビジネス上のサービスに過ぎないことがほとんどです。一気飲みなど過剰に酒の力を借りたり、強引な飲ませ方をしたりして性交に持ち込むのはもってのほか。自分の思い上がりや勘違いだと心得ましょう。安易に女性に触れたり、当日に性行為に及んだりせず、女性に対し丁寧に接してスマートに遊ぶことが肝要です。そして、約束した報酬やタクシー代は気持ちよく渡すようにしましょう。

性的サービスが前提の風俗嬢から訴えられる理由

さらに、性的接触が織り込まれていると考えられる「遊び」においても、襟を正す必要があることについてもお伝えしたいと思います。

部下との出張から合コンに至るまで、日常のありとあらゆるシチュエーションに性犯罪トラブルの種が潜んでいることについては、ここまで指摘してきた通りです。

そうした立場に置かれる男性のなかには、リスクマネジメントの観点から「もう俺はプロとしか遊ばない」と心に決める人もいるようです。確かに、下心丸出しで〝素人女性〟に接近するくらいなら、性風俗店を利用したほうが法的リスクが低いとも言えます。

しかし、その性風俗店でさえも、性加害者となってしまう危険性から逃れることはできません。

不同意性交等・わいせつ罪が新設されて以来、性犯罪トラブルが続発しているのが、性的サービスを前提としているはずの性風俗や、女性との密着が想定されるマッサージやメンズエステなどの利用時です。女性従業員が顧客の男性からの性被害を訴え、実際に男性が逮捕されるという事件が相次いでいるのです。

例えば2023年9月に兵庫県で、デリバリーヘルスの女性従業員に対し、同意を得ずに性交した疑いで40代の男性が逮捕されました。報道によれば、被害女性は「本番はあかん」と拒絶したようですが、男性が行為を続けたため、現場から退出。直後に、店側からそれを追及され恐怖を感じた男性が自ら警察に通報したところ、性加害の事実が明らかとなり逮捕に至ったそうです。

さらに同年10月にも、静岡市内の宿泊施設で静岡市消防局に所属する34歳の消防士の男性が、同年12月には横浜市内のホテルで会社役員の男性が、いずれもデリバリーヘルスの女性従業員に対し、同意を得ずにみだらな行為をした疑いで、逮捕されています。

こうした事件の一つの特徴は、多くが一両日中のスピード逮捕となっている点です。

その背後には、現場で、被害者による訴えのみを根拠にした、拙速な逮捕が行われている実態が透けて見えます。

示談が行われたのか、女性側の証言が曖昧だったのかはわかりませんが、上記の3件を含め、その後不起訴になっているケースも少なくありません。ただ前述の通り、不起訴になったとしても、風俗で本番行為をして逮捕されたという過去は簡単には拭い去ることができません。

ここで、本番行為（男性器の挿入）にまで及ばなくても、不同意性交の容疑者となってしまうリスクについても改めて強調しておきたいと思います。

売春が認められていない日本の風俗店では、女性の手や口を使った性的サービスが一般的です。つまり、あなたがお金を払っている顧客であっても、女性従業員から得られている「同意」は手と口を使った性交もしくは性交類似行為までなのです。

これを忘れて、女性が同意していないにもかかわらず、男性客が膣に指を入れた場合、不同意性交等罪に該当する可能性があります。以前にお伝えした通り、「膣や肛門に身体の一部や物を挿入すること」は、刑法では性交とみなされます。

風俗店とはいえ、女性が同意していない行為については厳に慎む必要があります。仮に指の挿入により、膣から出血でもさせてしまった場合は、執行猶予の付かない不同意性交等致傷罪に問われる可能性があります。

「裏オプション」は危険だらけ

メンズエステやマッサージ店などでは、さらなる理性が必要です。これらの業態では、そもそも、性器を直接的に刺激するようなサービスは行われていません。

しかし、女性従業員の露出度の高さや、密着状態での施術など、煽情的なサービスを売りにしている店舗も少なくありません。

しかし、だからといって風俗店と同じような気分で利用すると、性加害の嫌疑をかけられてしまうリスクがあります。

実際に、逮捕事例も枚挙にいとまがありません。

2024年2月には、京都市内のエステ店で20代の女性従業員をマットに押し倒し、服の中に手を入れて上半身を触ったとして、20代の会社員の男性が不同意わいせつの疑いで逮捕されています。男性は警察の調べに対し「触ったが、同意をもらったうえでやったこと」と主張。その後、不起訴となっています。

さらに同年6月には、奈良市内のメンズエステ店で、30代の女性からマッサージを受けていた際に性的暴行を加えたとして、不同意性交等容疑で48歳の病院職員の男性が逮捕されています。警察の調べに対し男性は「欲求を抑えきれなかった」と話したそうです。

私が知るあるケースでは、メンズエステ店利用時に女性従業員の臀《でん》部に触れた男性が、不同意わいせつで訴えると女性側から言われ、500万円の示談金を支払うことで告発されるのを免れたという事案がありました。男性はその店の常連で、常習的に〝逆マッサージ〟として女性従業員の体に触れていたようですが、被害を訴えた女性従業員は新人で、そうした事情を知らなかったそうです。

一部のメンズエステやマッサージ店では、店には隠れて個人的に「裏オプション」を設定している女性従業員もいます。「プラス1万円でヌイてあげるよ」などと施術中に顧客を誘惑するのです。しかし、裏オプションの契約は口頭で行われるため、トラブルが起きがちです。さらに裏オプションのサービスの範囲について双方で行き違いが発生した場合、不利な立場に立たされるのは顧客の男性です。

例えば、女性従業員にとって裏オプションは「手による射精への誘導」だったにもかかわらず、男性が彼女の胸や下半身も触ってしまった場合、同意していないわいせつ行為と捉えられることも考えられます。

女性従業員は黙って顧客に性的サービスを提供していた事実が店にバレるとクビになってしまう可能性もあるので、裏オプションを自ら提案したことや、一応の合意があった事実も否定するかもしれません。そうなると、男性が密室で行われた何の記録もない口頭契約の内容について、主張することは難しいでしょう。

さらに巷では店ぐるみで男性客の性加害をでっちあげ、金銭をふんだくる「美人局メンズエステ」も存在します。

2024年11月には警視庁暴力団対策課が、女性従業員に性的サービスを持ちかけさせ、応じた顧客から現金を巻き上げていたメンズエステ・グループを摘発。20～40

代の男性客４人から合計２００万円を脅し取ったとして、店の代表者や従業員ら男女９人を恐喝と監禁の容疑で逮捕しています。顧客が支払いを拒否すると、実際に警察を呼んだ例もあったようです。

彼らは、グループ内のやりとりに匿名性が高い通信アプリを使っていたようで、店ぐるみの美人局だった可能性が高いでしょう。

ちなみに警視庁によると、同様の被害を巡る１１０番通報や相談は、２０２３年は都内で１件のみだったものの、２０２４年10月末までに約１７０件が寄せられるなど急増しており、不同意性交等・わいせつ罪が悪用されている現実が見えてきます。

ともかく、風俗店やメンズエステなどの利用時には「お客様は神様」という考えは禁物と思っておいたほうがいいでしょう。

ちなみに稀ではありますが、逆のパターンも存在します。女性用風俗の男性従業員が、女性客から性被害を訴えられるというケースです。サービスや容姿に対する女性客の不満を発端とするトラブルが背景にあることもありますが、やはりなかには美人局が疑われる事案も存在するようです。

第3章

親しき仲にも適用される不同意性交

交際関係にある女性は拒否しづらい

前章では、下心丸出しとなる夜の街や風俗に潜む性犯罪トラブルについて指摘してきました。しかし、いわゆるお金だけで結ばれた他人でなくても、トラブルに気をつけなければならない相手もいます。それは社会通念上、性的な関係が織り込まれていると考えられる恋人や配偶者です。

内閣府による2023年度「男女間における性暴力に関する調査」によると、不同意性交などの被害に遭った経験のある女性のうち、その相手について「交際相手」、「元交際相手」と答えた人の割合はそれぞれ16・2%で、ともに首位となっています。

また、被害に遭ったときの状況として最も多いのは、「驚きや混乱などで体が動かなかった」で、全体の24・6%を占めています。

この調査結果から読み取れるのは、「交際相手や元交際相手による行為であっても、女性は性被害だと認識することは珍しくないが、その場では明確な拒否はできないこともある」という事実です。

つまり男性からしてみれば、交際中や過去に交際関係にあった相手との性行為においては、自覚のないまま不同意性交に及んでしまっているケースが少なくないということになりそうです。

近年、「＃ＭｅＴｏｏ運動」が世界的に広がるなか、日本でも社会通念として浸透したのが「性的同意に関する4原則」です。

その4つとは、「非強制性（拒否できる環境が整っていること）」、「明確性（明確で積極的な同意であること）」、「対等性（社会的地位や力関係に左右されない関係であること）」、「非継続性（一つの同意は一つの行為に対してであること）」で、これらが揃うことが、性的同意を得るための前提条件だとされています。

このなかで、特に注目すべきは「非継続性」です。交際関係にある間は、性行為を常に同意してもらっていると考えている男性は、多いのではないでしょうか。

しかし現在の社会通念としては、交際相手だとしても性行為のたびに、その都度同意を得る必要があるのです。

これを怠ると、たとえ交際相手の女性とはいえ、性犯罪トラブルに巻き込まれることになりかねないのです。

同棲中の彼女の寝込みを襲うと不同意性交になる

過去にこんなケースがありました。

ある30代の男性が、同棲中だった20代の女性に別れを切り出したところ、不同意性交で訴えると言われたのです。彼女が問題にしたのは、同棲中の男性の、とある性癖でした。

男性は、仕事の関係で帰りが遅く、女性はふだん先に就寝していました。しかし男性は時々、寝ている彼女の着衣を脱がし、性行為に及ぶことがあったのです。女性は最初、寝ぼけながら応じることが多かったそうですが、途中から普通に性行為に応じていたと言います。

男性は弁護士に相談しましたが、そこで得た助言は「『睡眠という意識不明瞭下で、不同意の意思を全うできなかった』と証言されれば、あなたは不同意性交の容疑者となる可能性がある」というものでした。男性は女性に示談金として１００万円を支払ったとのことです。

このほかにも、恋人や元恋人から男性が性加害を訴えられたという事例には、別れ話が発端となっているケースが散見されます。

一方で、正式な交際ではないものの性的関係を継続している「セックスフレンド」から突然訴えられるということも考えられます。

男性は、「都合のいい関係」だと思っていても、実は女性はそうは思っていないこともも往々にしてあるのです。「いつか彼女に昇格できる」という思いで体を許していても、一向にその気配がない男性に痺れを切らせ、愛が憎しみに変貌。女性が、それまでの関係を「男性からの性加害」として訴えるという事例も散見されます。

特に、セフレが仮に職場の部下だったり、まとまった額の金銭を貸したりしているような場合、「経済的又は社会的関係上の地位に基づく影響力によって受ける不利益を憂慮させること又はそれを憂慮していること」として女性の主張が認められやすくなります。

「体だけの関係」だったとしても、女性に対し雑な扱いをするのは絶対にNGです。

結婚していても不同意性交等罪は適用される

不同意性交が成立するのは配偶者に対しても同様です。

前出の内閣府調査によれば、既婚女性の10・6％が「夫から性的強要を受けたことがある」と回答しており、夫婦間の性犯罪は現在、社会的な問題となっています。

かつて、他人同士であれば性犯罪に該当するトラブルであっても、夫婦間で起きたものについては、警察は民事不介入のスタンスを取っていました。

ところが、現行の不同意性交等・わいせつ罪の条文には、法定刑の記述の直前に、ともに「婚姻関係の有無にかかわらず」という言葉がわざわざ加えられているのです。

つまり、夫婦間における性加害でも、他人と同様に罰せられるということを忘れてはなりません。

今までのところ、妻に対する不同意性交等罪で逮捕された事例は、それほど多くはありません。

しかし、例えば専業主婦である女性が、「家を追い出されれば路頭に迷うことになると思い、夫によるセックスの要求を拒むことができなかった」と被害届を出したとすれば、場合によって夫は加害者として逮捕される可能性はゼロではありません。

なぜならその状況は、不同意性交等罪の構成要件である「同意しない意思を形成、表明、全うすることが困難な状態」の原因となる行為・状態として定められている「経済的又は社会的関係上の地位に基づく影響力によって受ける不利益を憂慮させること又はそれを憂慮していること」という類型に、当てはまるという解釈もできるからです。

さらに夫から妻への日常的なドメスティックバイオレンス（ＤＶ）やモラルハラスメントの事実が確認されれば、逮捕や起訴されて有罪になる確率は一層高まることになります。

また、民事における離婚調停や離婚裁判においても、妻が夫からの性被害を主張するケースが散見されます。あくまでも民事なので刑事罰に問われることはありませんが、その主張が認められれば、慰謝料の算定などにおいて、夫側は不利な立場に置かれることになるでしょう。

一方で、裁判や調停を有利に進めるために、配偶者が「何度も性交渉を強要された」と本来の離婚原因ではない不同意性交を主張するといったことが起きているのも事実です。以前、性犯罪の容疑者とならないための心得として「女性に誠意を尽くすべき」とお伝えしましたが、それは配偶者に対しても同じなのです。

ちなみに、民事における離婚調停や離婚裁判においては、性の不一致や長期間にわたるセックスレスが「婚姻を継続し難い重大な事由」に該当するとして、離婚が成立するケースや、慰謝料請求の理由となる可能性があります。

しかし、だからといって、妻は夫の性的要求に応じなければならないというわけではないのです。自身の妻とはいえ、相手の意思に反するような性行為は慎むべきです。

気心の知れた相手だからといえども、性交渉を持つ際はしっかり合意を取り付けるべきだということを心がけてください。

不倫相手からの突然の被害申告

不貞行為を推奨するわけではありませんが、もしあなたに仮に不倫相手がいる場合には、そちらとの性交渉においても危険は潜んでいます。

実際にあったケースをお伝えしましょう。

ある40代の既婚者の男性は、職場の部下である女性と月に1、2度の密会を楽しむ禁断の関係を3年ほど続けていました。

彼女は30代半ばのいわゆるバリキャリで、結婚にも恋愛にも興味がなく、男性とのアバンチュールを仕事の息抜きとして楽しんでいました。したがって、不倫にありがちな「私と奥さんとどっちが大切なの？」というようなトラブルも一切なかったと言います。

ところがそんな関係も、突然の終焉を迎えます。

ふとしたことから男性の行動を怪しんだ妻が興信所に依頼し、男性と部下女性がラブホテルに出入りする現場が写真に押さえられました。

これに激怒した男性の妻は、会社に押しかけて女性を面罵し、さらに200万円の慰謝料を請求する民事訴訟を起こしました。

妻に部下女性との接触を禁じられたうえ、職場にトラブルを察知されたくない男性は、「早くほとぼりが醒めてほしい」という思いで事態を見守っていました。

そこに思いもしなかった知らせが届きます。

警察から、「あなたからの不同意性交を受けたという被害届が出ているので、事情を聞きたい」と任意出頭を求める連絡が来たのです。

これに応じた男性は、取り調べで部下女性が「3年間苦痛だったが、上司と部下という関係だったので断りきれなかった」と主張していることを知ります。

さて、彼女はそれまで3年間も続けてきた男性との不倫関係を、なぜ急に「不同意性交だった」と主張し始めたのでしょうか？

そこには、男性の妻からの慰謝料請求への対応のために依頼した弁護士による、こんなアドバイスがあったのです。

「慰謝料を払いたくなければ、上司という立場を悪用した不同意性交だったと主張して被害届を出しましょう」

これは決して稀な例ではなく、手段を選ばない弁護士が不倫の慰謝料請求された際の対応として時おり用いる戦術です。

不貞行為の慰謝料の相場は１００万〜３００万円です。これを逃れるためには、不倫相手に性犯罪の濡れ衣を着せてしまおうという女性がいることも事実なのです。

この部下女性はその後、男性から80万円の示談金を受け取って、被害届を取り下げました。

一方で、男性の妻からの慰謝料請求には、「自身は不同意性交の被害者であり、不貞行為の事実は存在しない」と主張。裁判所の勧告もあって男性の妻は裁判を取り下げました。

ちなみに男性はその後、妻との離婚が成立したとのことです。離婚裁判においては、男性と部下女性の一件が「性犯罪加害の前歴」となり、結婚生活破綻の原因として考慮され、慰謝料の算定などで不利な立場に追い込まれたようです。

このケースでは、部下女性は男性との関係に全く執着がなかったようですが、逆に不倫相手から執着されすぎた挙げ句に、性犯罪者として訴えられるケースもあります。前述のセフレのケース同様、不倫関係の末、男性にいいように利用されていたことを悟り、報復として性被害を訴える女性がいることも事実です。

もちろん不倫関係を暴露するだけで、男性は家庭も社会的地位も失いかねない事態に陥るため十分な報復です。しかしこの謀略は、相手が既婚者である場合、自身も不倫の共同不法行為として男性の妻から訴えられかねない、いわば「諸刃の剣」です。そこで、男性からの性加害をでっちあげ、その被害者として訴えるのです。

以上のように、性的関係を持つことがあらかじめ想定される場合でも、十分、不同意性交になり得えます。どんなに相手との関係が親密であっても、「当たり前のセックス」などないということを心に刻みましょう。

第4章

性犯罪の嫌疑をかけられないために

「不同意」とは明確な拒絶にあらず

相手方が被害を自覚して警察に訴えれば、たとえ悪意がなかったとしても、簡単に逮捕・勾留されてしまうのが不同意性交等・わいせつ罪です。

その後に、無罪が証明されたとしても、「性犯罪で逮捕された」という烙印は、簡単に拭い去れないことについては、これまでに述べてきた通りです。

そこで、そんな予期せぬ状況に陥って人生を棒に振らないために最も大切な心構えをお教えします。

先に結論を言ってしまえば、それはズバリ「女性に誠意を尽くすこと」です。

弁護士ならではの法律武装のアドバイスを期待していた人にとっては肩透かしだったかもしれません。

もちろん本書では、法律論に基づいた具体的な〝護身術〟についてものちほど取り上げていきます。しかし、女性に丁寧に接するということは、法律を盾に取って身構えるよりも、まず大事なことなのです。

なにも綺麗ごとを言っているわけではありません。これまで数多くの性に関する法律トラブルに携わってきた者として痛感していることなのです。

警察による不同意性交等・わいせつ罪の運用では、罪名にも含まれている「不同意」は、「明確な拒絶」のことではありません。不同意とは、「明確な同意があったことを立証できない状態」と解釈されているようなのです。

となると、女性が性被害を受けたと感じれば、男性は性加害事件の容疑者になってしまうのです。

「行為について相手も同意していたし、ノリノリだったのに……」

これは実際に、不同意性交等罪の容疑者となった男性から頻繁に聞かれる言葉です。しかし、行為の際に男性を受け入れる様子を見せていたとしても、その後、しばらくして女性が警察に性被害の被害届を出すというケースは少なくないのです。

加害意識のない男性にとっては〝手のひら返し〟に感じるかもしれません。しかし、性犯罪に限らず、詐欺や窃盗などでも被害者が被害を自覚するまでに時間がかかるというケースは往々にしてあるもので、それ事態は不自然なことではありません。

ただ、犯行から長い時間が経過しているほど、警察の捜査は慎重になるものです。時間の経過とともに当事者の記憶は曖昧になり、証拠も風化するためです。

ところが不同意性交等・わいせつ罪に関しては、事件時点から数か月が経っていたとしても「本当は嫌だったが、断れる雰囲気ではなかった」という被害者の訴えがあれば、かなりの高確率で警察は捜査に着手する傾向にあるのです。

そして捜査が進展して裁判所から捜索差押許可状が発布されれば、「加害者」と疑われる人物の自宅などに突然、ガサ入れが行われることは前述の通りです。

最も危ない3つの行動パターン

私は、数多くの不同意性交等・わいせつ事案に携わるうち、悪意がなかったにもかかわらず、思いがけず女性から被害を訴えられたという男性の行動パターンに、３つの共通点があることに気がつきました。それは以下です。

・コンドームなど避妊具を使用しない
・行為の後、すぐに女性と離れる（現地解散や女性を帰す行為）
・行為の後、女性からの連絡に返事をしない

順番に説明しましょう。まず1つ目は、文字通りコンドームを使用せずに性行為に及んでいるケースです。「そのほうが気持ちいいから」や「ゴムがなかった」など、軽い気持ちで生セックスに及んだ経験のある男性もいると思います。一方の女性も、男性の要求に根負けしたり、一時的な感情の盛り上がりなどでそれに応じることもあるでしょう。

しかし、男女で異なるのは「行為後」です。男性にとっては、コンドームなしで性行為をしたことは「いい思い出」になるか、気にもしなくなるでしょう。

ところが女性はそうはいきません。行為の後に数日経ち、性感染症や妊娠の不安が頭をよぎります。一方で相手の男性は行為後、そうした不安を気遣う様子も見せません。すると女性は、「なぜ私だけが不安を抱えて過ごさなければならないのか？」と

不満に思い始めます。「相手はヤリたかっただけで、私のことなんて全く考えてなかったのだ」と幻滅にも似たに感情もよぎり始めるかもしれません。

そして最終的には、「そういえば私は明確には性行為に同意していない」、「これってもしかして性被害？」と認識するようになることもあるのです。

事後に女性にとっての不安の種を残さないためにも、配偶者やよほどの信頼関係で結ばれた相手以外との性行為においてはコンドームを必ず使用しましょう。

相手に求められたにもかかわらずコンドームを使用しないことは言語道断です。その場合、相手の女性により強い不安や屈辱感を与えることとなり、性被害を受けたという認識を与える可能性が高まります。

相手に気づかれないようにコンドームを外して性行為を行うことは、海外では「ステルシング」と呼ばれ、カナダやスイス、ドイツ、イギリスなどでは「性的強要」などとして扱われ、刑事処罰の対象となっています。

ただ、日本では現在のところ、ステルシングを罰する法律はありません。ところが、自らが性感染症に感染していることを知りながら避妊具を使用せずに行為に及び、相手を性感染症に感染させてしまった場合は、傷害罪に問われる恐れがあります。

また、女性がコンドームの使用を条件に性行為に同意しているにもかかわらず、強引に生で挿入した場合には、不同意性交等罪に該当する可能性もあります。さらにその結果、性感染症に感染させた場合は、不同意性交等致傷罪に問われることもあり得るでしょう。

加えて、コンドームを使用したという事実が、警察の捜査や起訴後の裁判において、男性側の潔白を証明する証拠となることもあります。もちろんコンドームを使用していても不同意性交で逮捕・起訴された事例はありますが、そうしたケースは私の知る限り、少数です。

例えば、被害を訴える女性による「無理やり押さえつけられて逃げられなかった」という主張に、「抵抗する女性を押さえつけながらコンドームを装着することは不可能」と反証することができる場合があります。

さらにコンドームを女性に装着してもらったり、包装から取り出してもらったりすることで、さらに有力な「同意の証拠」を残すこともできます。

性感染症防止の観点からも、法的リスクの観点からもコンドームを使った「セーフ・セックス」を心がけるようにしましょう。

「遊ばれた」から湧き上がる被害意識

2つ目の「行為の後、すぐに女性と離れる」についても説明しましょう。特にワンナイトでの性行為において、事後にすぐラブホテルを出て解散したり、自宅から追い返したりするケースのことです。こうした行動は、女性に「性欲の捌け口としていいように利用された」と感じさせ、被害感情を芽吹かせることが多々あるようです。

なかでも最悪なのが、ラブホテルなどで性行為の後、眠った女性を残して帰宅してしまうことです。帰りが遅くなると浮気を疑われてしまう既婚者に多いのですが、ラブホテルで独りぼっちで目覚めた女性は、どう思うことでしょう。

反対に、性行為の後にラブホテルを出て最寄り駅まで一緒に歩いたり、車で女性を家に送り届けていたりする場合には、女性から訴えられるケースは稀です。それが一夜限りの情事だったとしても、一定の誠意や配慮を見せることで、女性が事後に不満や幻滅を覚えるリスクは低くなります。

ちなみにこうした行動は、女性の心情にとってだけでなく、警察の捜査や公判でも重要なポイントになってきます。

ラブホテルから仲睦まじく手をつないで出てきたり、朝まで過ごし、一緒にファミレスで朝食を食べたりする行動が、周辺の防犯カメラなどで明らかになれば、女性が不同意だったと主張していても、警察は懐疑的になるでしょう。

最後の「行為の後、女性からの連絡に返事をしない」は、性行為を行った日を最後に、没交渉になっているケースです。

特に初回の性行為の後に男性側から連絡が途絶えた場合、女性は屈辱感や不満を感じて被害意識を芽吹かせることが多いようです。

例えば、交際がスタートする期待を抱いて行為に応じていた女性の場合、「騙された」という思いが湧き上がってくることもあるでしょう。その結果、「もしかして性被害？」と思い始めるケースも少なくないのです。

マッチングアプリで、会うまでは熱心にメッセージを送っていたのに、実際に会って性交渉を持った途端、相手に返信しなくなったという経験をお持ちの読者もいるでしょう。また、性行為の前には下心から甘い言葉を連発していたにもかかわらず、行為後には相手への関心が薄れてしまい、連絡をおろそかにしてしまうという人もいるでしょう。いずれにせよ、事後に態度を急変させるのはかなり危険です。

ある会社員の女性は、音信不通になる男性の行為についてこう言いました。

「示談金目当てでもないし、恐喝めいたことをするつもりは一切ないけど、性交渉後にいきなり連絡がおろそかになる男性を感情的に許せない女性は私を含めて多い。どこかで〝罰したい〟という感情が湧き上がり、抗議の意味を込めて『不同意性交だったよね』と私も男性にメッセージを送ってしまうかもしれない」

女性の心理をそう分析してくれましたが、逆に言えば、最初の性交渉があった後も連絡を絶やさず、デートをすれば女性が怒る可能性は低くなります。また、2回以上肉体関係を持っていたり、初回の性行為から何度もデートを重ねていたりする場合は、たとえ女性が不同意性交だと訴えても、警察は事件として取り扱うことに慎重にならざるを得ないでしょう。

ある有名人へのアドバイス

以前、私はある男性からこんな相談を受けました。「一夜限りの関係を結んだ女性から突然、『私は（性行為の）同意をしてなかったよね？』というメッセージが来た」と言うのです。

その男性はテレビ番組に出演している著名人でした。前夜、女性と性行為をした直後、朝の番組出演のため明け方に自分だけホテルを後にして去っていったそうです。女性はそれまで男性が著名人であることを知らなかったようですが、朝、起きてテレビを見ると、さっきまで一緒にいた男性が映っているのを見て驚き、連絡をしたとのことです。

私はこの男性に、こうアドバイスしました。

「すぐに2回目のデートの約束をしてください」

彼は私の進言通り、その場で女性を食事に誘い、その後も継続的に食事デートを重ねました。このように、男性が事後にも誠意ある態度を見せたことで、女性が被害を主張することはなくなりました。

実際に会う時間が取れなくても、ＬＩＮＥや電話で連絡をマメにして、返信もきちんとすることで、女性の被害感情が膨らむことを防ぐことができます。

同時に、女性が性被害を訴えた場合にも、男性の潔白を証明するための材料になります。

性加害の被疑事件としてガサが入ったり逮捕されたりした際には、警察にスマホなどの通信機器を押収され、メッセージのやりとりをチェックされます。その際に、女性との円満なメッセージの履歴が残っていれば、潔白を証明するうえで有利に働くはずです。

とにかく肝に銘じてほしいのは、女性をぞんざいに扱うと、法的リスクが一気に高まるという点です。

訴えられるリスクの高い属性とは

さらに、罪の認識がないにもかかわらず、性犯罪トラブルに巻き込まれてしまう男性の属性にも、一種の傾向が存在することに気づきました。

職業で言えばまず、芸能人やインフルエンサー、スポーツ選手などの有名人がそうです。女性が被害を訴えた際、加害者の名前や所在がはっきりしているほうが、警察は捜査に着手する可能性が高いからです。一般人でも、ネットやSNSで検索して名前や顔が出てくるような男性は、同様の理由で訴えられるリスクが比較的高いと言えます。

また、有名人を逮捕できれば、社会的にもインパクトを与えるため、被害の訴えがあれば警察も積極的に捜査を行うというのも一つの理由だと思います。

次に社長や経営者、医師や教員、そして弁護士など、社会的地位があり、「社長」、「先生」と呼ばれているような人たちも、性犯罪の嫌疑をかけられることが少なくありません。私の実感では、特に一定以上の規模の会社の経営者が、性加害の容疑をかけられるケースが多いように思います。

これらの職種には、比較的お金に余裕があるためか、派手な夜遊びを好む人も多く、異性との接触が比較的多いということも理由の一つかもしれません。

しかしそれ以上に、ふだん周囲から持ち上げられていることで、「自分はモテる」と調子に乗ってしまっている人も多く、さらに相手の本当の気持ちを察することを怠ってしまいがちであるということが、その背景にあるような気もします。

また、富裕層特有のケースが、債務者から性犯罪で訴えられるリスクです。私が知るところでも、200万円を貸した相手の女性とその後、体の関係となった結果、性被害を主張され、慰謝料500万円を求められたという事案がありました。

女性は、不同意性交の成立要件の一つである「経済的又は社会的関係上の地位に基づく影響力によって受ける不利益の憂慮」の状況にあったと主張していましたが、男性が弁護士をつけたところ、要求を取り下げたようです。

加えて、学校の教員や警察官、自衛隊員などをはじめとする公務員や銀行員など、オカタイ職業の人も、性犯罪トラブルに巻き込まれやすいと言えます。これはあくまで想像ですが、旧態依然とした組織で働いているせいか、女性との接し方や性交渉に対する考え方もアップデートできていない人が多いのかもしれません。

さらに付け加えれば、これらの職種は全て美人局や虚偽告訴のターゲットとなりやすいということも指摘できると思います。

それぞれ守らなければならない社会的地位もありますし、収入も高い場合が多いので、簡単に示談金を取ることができるとみられているのでしょう。

はっきり物を言う男性は事件になりにくい

一方、性格面では、「自己主張できない人」や「シャイな性格の人」、「中途半端に優しい人」は性犯罪の嫌疑をかけられやすい印象があります。女性や警察から、相手の主張に沿った誘導尋問をされた際に、キッパリとNOを言えなかったり、納得していなくても相手の主張の一部を認めてしまったりするきらいがあるからです。

また、自覚のない性加害を訴えられたという人には、恥ずかしがり屋だったりキザな性格だったりというタイプが多いという印象もあります。端的に言えば、会話での十分なコミュニケーションをすっ飛ばして、雰囲気で女性をベッドに押し倒してしまったりするためです。昭和の時代なら「嫌よ嫌よも好きのうち」と解釈された行為は、今では全く通用しないのです。

逆に言えば、下心を隠さず、堂々と女性にそれを伝える男性は、性犯罪トラブルのリスクが低いのです。

女性を誘う際にＬＩＮＥなどで「大人のおもちゃで気持ちよくしてあげる」とか「次は中出しできる?」など下品な下ネタトークを乱発しているような人です。

一般的にはただの〝キモいオヤジ〟ですし、仕事関係の女性などハラスメントになりうる相手に送るのは厳禁ですが、法的に見ると、こうしたやりとりを経たうえで関係を結んでいれば、あらかじめ性交渉に同意している証拠となり、不同意性交の容疑者になるリスクが低いのです。

それは、不同意性交等・わいせつ罪の要件の一つである「予想と異なる事態に直面させて恐怖させ、若しくは驚愕させること又はその事態に直面して恐怖し、若しくは驚愕していること」という規定と関係があります。

「家で映画を見ようよ」、「ホテルで飲み直さない？」という誘い文句で、女性を誘ったことがある男性は少なくないでしょう。その後、女性が拒否しなかったのでベッドインすると、「アウト」となってしまう危険性があります。事後、上記の要件に沿って「予想外で驚愕した」と主張されれば、反証は非常に難しいからです。

ひと昔前の男性情報誌に書かれてあった「女性の口説きマニュアル」は忘れてください。「女性とホテルのレストランで食事の後、ルームキーをちらつかせながら『部屋とってあるんだ』と言う」ような口説き方は、法的リスクから考えると最悪です。

法的リスクを減らす行動習慣

一方で、先に述べたように、事前に自分の下心をあけすけに伝えていれば、予想外の事態や驚愕を主張されることはなくなります。嫌がる女性に下品な言動を執拗に投げ続けると、女性にはモテないでしょうし、迷惑防止条例違反に問われる可能性も否定できません。

しかし、女性に対して自らの下心を正直に明かすことで、不同意性交等罪の容疑者にされてしまうリスクが低くなることは事実なので、参考にするべきでしょう。

女性に下心を持って接する際に、法的リスクを低減する行動習慣はほかにもあります。

例えばホテルなどへ移動する際には、決して女性の手を引いたり、背中を軽く押したりしないように心がけましょう。もしもその後、性犯罪の嫌疑がかけられ、警察の捜査によってそうした行動をしていることを示す防犯カメラ映像などが出てきた場合、「嫌がる女性を強引に連行している」と解釈される場合もあるからです。

ホテルまでの道のりは、できれば女性と並行か、少し後をついていくようにしましょう。そして、ホテルのチェックイン時には部屋を女性に選んでもらうのがいいでしょう。

また、ホテルや自宅への移動の途中でコンビニに立ち寄って避妊具を買う行為も有効です。避妊具を一緒に購入することは、性行為に同意していたという有力な証拠になります。女性と一緒にレジまで行って会計し、レシートはもしもの際に身を潔白する証拠になるので保管しておきましょう。

さらに女性をコンビニ店内に残してトイレに行くという行為もあります。トイレに行くのは、女性に〝逃げる隙〟を与えるためです。同意のそぶりは見せていても、断りきれないだけという女性もいるはずです。一方で、逆に１人になる時間を意図的に作り、その間に立ち去らなかったとすれば、それは女性の同意を裏付ける行動となるのです。

ホテルの部屋や自宅に着いて2人きりになっても、いきなりベッドに押し倒したりすることはNGです。まずは女性にシャワーを浴びてもらいましょう。これも同意の意思を確認するためです。一緒に歯を磨くのも有効だと思います。ベッドにも女性から先に入ってもらうことで、「性交への過程を自主的にたどった」ということが確認できます。

こうした行動習慣は、同意の有無が曖昧な性行為において、決して、男性が法的に優位な立場に立つための試みではありません。女性の同意や自主性を確認するための有効な作業なのです。

不同意性交等・わいせつ罪の条文や当局の運用からすると、法的リスクを限りなくゼロにするためには、毎回、同意書を作成して女性にサインをもらってから女性の体に触れるというのが最も望ましいでしょう（ちなみに同意書があったとしても、酒に酔っていたり「サインを拒めない状況だった」と主張されてしまえば、男性が加害者として逮捕される可能性はゼロではありませんが……）。

しかし、行為の特殊性からして、性交の際に事前に同意書にサインをもらうというのは現実的ではありません。

「私、〇〇（以下、「甲」）は、××（以下、「乙」）と、自由意思に基づいて以下の行為を行うことに同意します。・避妊具を使用した男性器の膣内挿入・口腔性交・電動式性具の挿入……」

互いの気分が盛り上がったところに、こんな同意書へのサインを求めたら、ムードも何もあったものではありません。特に、奥ゆかしい日本人女性のほとんどは、「ダメ」となってしまうのではないでしょうか。

そこで同意書へのサインの代わりとなるのが、「ホテルまでは自主的に歩いてもらう」、「コンドームの購入に付き合ってもらう」、「シャワーにもベッドにも先に入ってもらう」による相手の意思確認なのです。

逆に言うと、こうした行為すら拒否する女性は、意思が曖昧なので、性交に及ぶことは控えるべきなのです。

性行為の最中にも判断ポイントが存在する

前述した同意の確認行為を終え、晴れてベッドインとなっても、がっついてはいけません。

実は性行為の際にも、法的リスクの高い体位と低い体位があるからです。

まず、正常位は避けましょう。性犯罪事案では「上から押さえつけられて動けなかった」という女性の証言が非常に目立ちます。男性にとってはただの正常位でも、解釈によっては、押さえつけていると取られかねません。

一方で、対照的に法的リスクを最小化できる体位は女性が男性の上に乗る騎乗位です。私が知る限り、騎乗位のみによる性行為で性加害の嫌疑をかけられたケースはありません。

通常の性行為には同意していたとしても、イレギュラーな行為をされ、陵辱されたと感じる女性も存在します。例えば、後背位の際にお尻を叩く行為や肛門性交です。

こうした行為により女性の体にアザや出血が生じた場合、執行猶予が基本的に付かない、不同意性交等致傷罪で訴えられる危険性があります。

その都度女性の意に沿わないプレイをしていないか確認し、相手の意思を尊重することは大前提です。しかし、身に覚えがないのに、事後に「同意していなかった」と主張されるのを防ぐために、こうした防衛策を知っておくのは大事なことです。

「どんな体位が好きなの？」とか「性感帯はどこ？」などと細かく聞いて、それに従うのも一つの手でしょう。

ただし、証拠を作るために性行為中の様子を記録しておくことは絶対にやめたほうがいいでしょう。ラブホテル内での行動を一部始終、録画しておけば証拠になると考える方もいるかもしれませんが、非常に危険な行為です。

「私の寝室には隠しカメラがあり、女性との行為の際は必ず撮影している」

とある40代の男性がそんなことを言っていて、私は愕然としたことがあります。社会的地位も名誉もあるその男性は、不同意性交の濡れ衣を着せられ、高額な示談金を支払った知人から、証拠保全の大切さを聞かされ、いざというときのために行為の一部始終を記録に残すようになったのだそうです。

しかし、これはれっきとした犯罪です。詳しくは後述しますが、性的な部位、身に着けている下着、わいせつな行為・性交等がされている間における人の姿を本人に無断で撮影する行為は、不同意性交等・わいせつ罪と同じ時期に新設された性的姿態等撮影罪（以下、撮影罪）に該当します。有罪となれば3年以下の拘禁刑または300万円以下の罰金に科せられます。また、未遂に終わった場合でも処罰の対象となるため、カメラが稼働中だっただけでも逮捕される可能性が十分にあります。また、各都道府県が設けている迷惑防止条例にも違反する可能性もあります。

では、密室内で証拠を残しておくには、どうすればいいでしょう。それは映像ではなく、録音です。

画像の撮影を伴わない録音のみの場合は、撮影罪には問われないからです。

また、不同意性交の嫌疑をかけられていた男性が、車載カメラやペット監視カメラが偶然拾っていた音声によって潔白が証明されたという例もあります。

しかし、相手に無断で故意に録音していることが発覚した場合、大きな不信感を与え、トラブルに発展することも予想されるので、積極的にお勧めはできません。

第5章

濡れ衣を着せられないための法律武装

早期発見・早期解決が基本となる

男性が一度嫌疑をかけられると、潔白の証明が非常に困難な不同意性交等・わいせつ罪において、女性とトラブルにならないための予防的措置についてこれまで述べてきました。しかし今回は、それでも性加害の嫌疑をかけられた場合の事後的対処法について、状況別に解説したいと思います。

相手の女性が事後に同意の有無に関して不満を抱いているような場合、警察沙汰にならないうちに誠意を持って対応することが肝心です。そのためには相手の不穏な動きや態度をできるだけ早く察知することが必要です。

性被害を自覚した女性が、警察に駆け込む前に見られる行動パターンとして「急に連絡が取れなくなる」ということが挙げられます。

少しでも自身に後ろめたい部分がある場合や酔って自分の行動を思い出せないような場合は、「どうしたの？　何か嫌なことしちゃったかな？」というように、女性に寄り添って事情を伺うメールを送りましょう。

その後、女性が直近の性行為について、同意の有無に関する不満を表明した場合には、謝罪すべき部分は謝罪しましょう。それでも返事が来なかったり、ブロックされたりした場合、または相手が納得していないような場合には、その段階ですぐに行動に移します。

その行動とは、性加害事案に精通する弁護士への相談です。

早いと思うかもしれませんが、この段階で、相手の女性との示談交渉を開始することを選択肢に入れるべきなのです。その後、弁護士と相談のうえ、必要ならば相手の女性との示談交渉をすみやかに開始しましょう。

示談をするなら早いに越したことはありません。ケースバイケースではありますが、私の経験した不同意性交事案では、警察が本格的に動き出す前に和解がまとまるケースでは、示談金額は１００万円ほどです。

一方で、警察の捜査が本格化していくにつれて示談金の相場が上がっていき、逮捕されると５００万円以上に跳ね上がることもあります。

また、逮捕された日から勾留期限の23日以内に示談がまとまらない場合、そのまま起訴される可能性が高くなります。起訴されると、99％が有罪となってしまいます。

仮に起訴された後に示談がまとまったとしても、量刑について多少の情状酌量がなされる程度の効果しかありません。経済性においても「性犯罪での逮捕歴」という汚点を免れるためにも示談は逮捕される前に、遅くとも起訴前にまとめるべきです。

女性から不満の表明があったら

逆に、女性のほうから「あれって不同意だったよね？」などと被害を主張する連絡を受けることもあります。この場合も自身の潔白に確信が持てない場合は前述の通り弁護士に相談して早めに示談交渉を開始するべきです。

ただし、自身の潔白に確信があり、相手が被害届の提出や示談金の要求をほのめかしているような場合には、別の手段を用います。

逆に女性側からの恐喝被害として警察に相談し、場合によっては被害届や刑事告訴を行うのです。

虚偽告訴が疑われるような事案でありがちなのが、「仲裁を申し出る第三者の登場」です。この場合、第三者はほとんどが男性です。

被害を訴える女性の知人男性だという人物が突然連絡してきて「誠意として100万円用意してくれれば、あとは私がなんとか丸く収めるから」などと申し出るのです。

しかし、これはほぼ100％恐喝事案ですので相手にしてはいけません。要求に従っても繰り返し金銭を要求され続けることが関の山なのです。

相手との会話を録音したり、メッセージのやりとりを保存するなどしたうえで、弁護士に相談するか警察に被害届を出しましょう。

私のかつての依頼人に、こんな事案に巻き込まれた男性がいました。

その男性はカラオケ店での飲み会に参加していました。すると、露出度の高い服を着た女性が膝の上に乗ってきました。音楽のリズムに合わせて、2人で踊るように体を動かしたと言います。その最中、女性の胸が揺れの衝撃ではだけてしまったのです。

そして後日、男性は相手の女性から「不同意わいせつで訴える」と言われました。

しかしその直後、仲裁を買って出る謎の男が登場し、「200万円で話をまとめる」

などと提案してきたのです。

このとき、私と男性は警察に行って恐喝事件として被害相談をしました。すると、男はおろか胸がはだけた女性もそれ以上何も言ってこなくなりました。

仮に相手が本当に警察に被害を訴えたとしても、双方が互いに相手からの被害を訴えているようなケースでは、警察は捜査や逮捕に関してより慎重になります。できれば、相手よりも先手を取って警察に接触することをお勧めします。

着信拒否やブロックは絶対にやってはいけない

自分が知らないうちに傷つけてしまった相手でも、虚偽告訴を目論む悪意ある相手に対しても、最大の悪手は「無視」です。これは話し合いで解決できるチャンスを喪失するだけでなく、相手の感情を逆撫でして問題をエスカレートさせてしまうことが多いからです。

性的関係を結んだ女性から「不同意だったよね？」などという連絡が来た途端、パニックになって相手の番号を着信拒否にしたり、ＬＩＮＥをブロックしたりしてしまう男性をたくさん見てきました。しかしこれは逮捕されるリスクを高めるだけです。

警察は、女性から不同意性交やわいせつに関する被害相談を受けても、十分な嫌疑に欠ける場合には「まずは当事者同士の話し合いで解決してください」と、態度を保留する場合があります。

しかし、「連絡を遮断している」という事実は、警察官の心証に悪影響を与え、悪質性が高いという判断のもとで積極的な捜査が開始されてしまう場合もあるのです。

向かいくるリスクは直視したうえで、今後の身の処し方を考えることが、肝要です。

相手の被害感情に理があると判断されるような場合や、十分な同意を得られていなかったという心当たりが依頼人にあり、さらに今後、逮捕される可能性が高い場合、弁護士によっては自首を勧めることもあります。

警察が被疑者を逮捕するには裁判所による逮捕状が必要となります。逮捕状発行の条件は主に「被疑者が罪を犯したことを疑うに足りる相当な理由があること」、「逃亡や証拠隠滅の恐れがあること」です。

しかし、自首をすることによって、逃亡や罪証隠滅の意思がないことを警察に示すことで、逮捕を回避できる可能性があるのです。ただ、そのためには真実をありのままに供述する必要があり、弁護士のアドバイスや自首への同行を得ることが推奨されます。

いずれにしても、女性の不穏な動きを察知したら、できるだけ早いタイミングで性犯罪事案の経験豊富な弁護士に相談をしておくことが、その後のリスクを最小化するための鍵となります。

証拠の保全はできるだけ早期に

嫌疑がかけられていることを知ったら、できるだけ早く行動を起こすべきなのが、証拠の保全です。証拠は時間が経つに連れて風化してしまいますし、人間の記憶も曖昧になります。何より逮捕によって身柄を拘束されてしまうと、自分では証拠の整理や保存が不可能になります。

最も有力な証拠となるのは、ＬＩＮＥやＳＮＳの相手とのやりとりの履歴です。関係を持つ以前にある程度親密だったことが窺えたり、事後にも次に会う話を進めていたりする会話内容は、潔白や悪質性の低さを主張する際の根拠となります。前述のように、示談金を要求するような連絡が女性側から来た場合には、恐喝の証拠となる可能性もあるので保存しておきましょう。

また、直接のやりとりだけでなく、女性のアカウントに投稿されている書き込みや写真についても、何らかの証拠になる可能性もあるので保存しておきましょう。例えば女性が「性被害に遭ったショックで、仕事も外出もできず塞ぎ込んでいた」などと証言しているにもかかわらず、飲み会ではしゃいでいるような写真がインスタグラムにアップされているような場合です。こうした自身の主張と矛盾する可能性のある投稿は、削除される可能性があります。

後々、何が証拠になるかわからないので、できるだけ全ての投稿を保存しておきましょう。

さらに、問題となった性行為の直前まで同席していた友人や、相手の女性と利用した店の店員などに、当時の状況や女性の様子などを客観的に聞いておくことも有用です。自身の当時の行動を再確認することにもつながりますし、のちに証人となってもらうかもしれない人物に、記憶を整理しておいてもらうことにもなります。ただし、自分に都合のいい証言を依頼する口裏合わせのような行為は罪に問われるので絶対にNGです。

性行為の場所が自宅だった場合は、女性が使用した歯ブラシやタオルなどはできるだけそのままの状態で保管しておきましょう。例えば女性が「家に入るなり突然襲われた」などと主張した場合は、これらの証拠で矛盾を突くことができます。そうでない場合でも、女性が歯を磨いてシャワーも浴びていたことが証明されれば、警察の心証もずいぶん変わるはずです。

ほかにも、車載カメラの車内音声、ペット監視カメラの音声、行為の前後に使った店のレシートなども証拠として使える可能性があるので、保全しておきましょう。

とにかく、性犯罪の嫌疑をかけられてしまった場合には、「早めの対応」と「証拠保全」が大切です。

任意出頭には必ず応じるようにする

一方で、無視も連絡の遮断もしていないにもかかわらず、女性が何の前兆もなく被害届を提出することもあり得ます。

その場合は、急に警察から出頭要請の連絡が来るケースがあります。事情聴取のためのいわゆる「任意出頭」です。その名の通り、法的強制力はなく、応じるかどうかは本人の自由です。

強制ではないなら行きたくないと考える方もいるでしょう。しかし、任意であることを理由に断るのは得策ではありません。正当な理由なく出頭を拒否した場合、やはり警察に一層の不信感を与える結果となり、次は高い確率で逮捕されるからです。任意出頭には、必ず応じるようにしましょう。

多くの場合は、警察によって出頭の日時が指定されますが、仕事など外せない予定がある場合は、相談すれば変更が可能な場合もあります。

ちなみに任意出頭からそのまま逮捕されてしまうということも考えられますが、その確率は高いわけではありません。

警察が現行犯以外の場合に容疑者を逮捕するには、前述の通り、裁判所が発行する逮捕状が必要です。任意出頭が要請されたということはつまり、その時点では逮捕状を請求するには嫌疑が不十分であったり、逮捕までは必要でないと警察が考えているということだからです。

ただ、任意出頭する前に弁護士に相談しておくこともお勧めします。任意出頭時の取り調べで聴取される内容は、その後の捜査や起訴された場合には裁判でも証拠として扱われます。不利になるような発言をしてしまわないよう、専門家のアドバイスを仰いでおくことが重要です。また、被害を主張している女性の身元や連絡先が分かる場合には、任意出頭前に示談交渉を始めることも可能になります。

万が一、任意出頭からそのまま逮捕された場合にも、弁護士は心強い味方となってくれるはずです。

警察は、被疑者の逮捕から48時間以内に検察官に送致するか否かを決定します。これまでに示談が成立していた場合、検察官に送致されることなく釈放される可能性が高まります。送致されてしまった場合は、検察官が24時間以内に裁判所に勾留請求を行い、最大20日間の勾留期限ののちに被疑者の起訴・不起訴を決定します。

そのため、起訴を免れるためには逮捕から23日以内に示談を成立させなければなりません。起訴後に示談が成立しても裁判での情状酌量程度の効果しかないことや、示談金の相場が逮捕、検察官送致、勾留と段階を踏むたびに金額が上昇する傾向にあることは、前述の通りです。

あらかじめ弁護士を決めておき、自分にかけられている嫌疑の内容や被害を訴えている女性の情報を伝えておくことで、初動を早めることができます。

もちろん、あらかじめ弁護士を決めていない場合にも逮捕後に当番弁護士を呼ぶことが可能です。しかしその場合、必ずしも性加害事案を得意とする弁護士がつくとは限りませんし、あらかじめ弁護士を決めている場合と比べ、半日から1日程度のタイムロスが生じます。この点はしっかり心得ておきましょう。

示談交渉における知られざる駆け引き

本人が逮捕・勾留されているか否かにかかわらず、示談は弁護士が進めるのが一般的です。ここで、示談の手順や交渉方法について一度簡単に説明しておきたいと思います。

被害届を出している相手の身元がわかっており、連絡先もわかる場合には、本人に代わって弁護士が連絡をし、示談の意思を伝えます。

しかし時には、被害者が誰であるのかわからない場合や、心当たりはあったとしても連絡先がわからない場合もあります。

そうした場合は、示談の意思があることを検察官に伝え、検察を通して相手方に伝えてもらい、連絡を取ります。しかし、相手方が実名や住所、連絡先を教えることを拒む場合があります。その場合は相手方がつけた弁護士と示談交渉に入ることになります、合意書の締結に至るまで相手の名前は匿名となります。

前述の通り、性加害事案の示談金の相場は100万～500万円です。しかしこれはあくまで相場で、これより下回ることもあれば青天井になるケースもあります。

有名人が加害者となる性犯罪事案では、示談金が１０００万円以上になることもあります。ほかにも、性加害トラブルの示談金として、有名企業のオーナー社長が１億円以上の支払った例も知っています。

では、こうした示談金額は何で決まるのでしょうか？

もちろん相手の精神的苦痛も加味されますが、それで何百万円もの差がつくことは稀です。結局はズバリ、「被疑者がどれだけ逮捕や刑罰を恐れているか」と「被疑者の懐具合」によって示談金は決まると言えます。

社会的地位や信頼、国家資格の喪失など、逮捕や拘禁刑となれば支払うことになるコストが大きな人は、自分の懐が許す限りの示談金額に応じるからです。相手に弁護士がついている場合、「支払い能力に余裕があり、逮捕・懲役は高コスト」とみなされれば、相場よりも高額な示談金が要求されることがほとんどです。

一方、被疑者側の弁護士はもちろんできるだけ低い金額で示談金をまとめようとするので、そこは両者の駆け引きとなります。

逆に、お金がなくて懲役のコストも低い人は、相手方も「大した示談金は期待できない」ということになり、相場を下回る100万円以下で示談がまとまることもあります。相手の希望する金額と折り合わず、示談がまとまらないことも少なくありません

稀に、「お金はあるけど逮捕くらいなら上等」という方もいます。そうした方につく弁護士は、相手方に「本人は非常に反省しており、司法の裁きを受けたいと考えている」などと、示談に消極的な態度を見せたりします。しかし、相手方の女性が処罰よりも賠償を望んでいる場合、「100万円でいいので示談にしませんか」と低い示談金を提示してきたりします。

最も厄介なのは、「お金はないけど逮捕・拘禁刑は避けたい」という場合です。

被疑者の弁護士は、相手方に懐事情を説明し、できるだけ低い金額で示談をまとめます。その後、弁護士は金策に奔走します。被疑者の親や親族に対し、本人に代わって借金を頼むのです。

「息子さんが不同意性交の容疑をかけられており、私が弁護士を務めております。つ

きましては息子さんのために示談金をご用意いただけないでしょうか」

まずはそんなふうに電話をかけるのですが、ここで時々問題が起きます。特殊詐欺だと疑われ、取り合ってもらえないことが多々あるのです。勾留中であれば本人から説明してもらうこともできず、信じてもらうのに一苦労ということも少なくありません。

電話で納得してもらえたと思っても安心はできません。電話で示談金に協力の意思を示してくれた依頼人の親族のもとに私が面会しに行ったときのこと。親族が警察に通報し、私は特殊詐欺犯として疑われたことが何回もあります。

そうしたことを踏まえると、もしご自身が支払い能力に乏しく、しかも親や親族も当てにならない場合は、任意出頭の前に事前に現金を用意しておくことをお勧めします。銀行口座から引き出すくらいは弁護士が代行する場合もありますが、カードローンやキャッシングによる借金は代行できないからです。

私は性犯罪以外にもさまざまな刑事弁護を担当しているのですが、法律スレスレの部分で生きていて、「常に逮捕のリスクを覚悟している人」は、得てして数百万円する高級時計を着けています。これは単に、富をひけらかしているだけではなく、切実な意味があります。急に逮捕・勾留されたとしても、腕に着けているその時計を弁護士に「宅下げ（接見者に所持品を渡すこと）」して代理で換金してもらえば、示談金に充てることができるからです。

ともかく、起訴前に合意された示談金を被害者の弁護士の預かり口座に振り込めば、その日のうちに釈放となり、晴れて自由の身となります。

弁護士にも警察にも嘘は御法度

日本の司法制度では、弁護士が取り調べに同席することはできません。弁護士がついていれば、接見時に各事案の特徴に即した形で、取り調べに関するアドバイスや心構えが指導されると思います。しかし、その際に重要なのは、担当の弁護士には自分のしたことや状況説明をできるだけ正確に、そして正直に話すということです。

弁護士への相談は、病院での受診に似ています。自覚している症状について隠し事をしたり、嘘をついたりしていると、医師は正確な診断ができず、最適な治療方針を立てることができません。

特に重要なのは、性交やわいせつ行為の事実があるのかどうかについてです。性行為そのものが存在しない場合は、基本的には無罪を主張することになります。性的な接触があったとすれば、次は同意の有無が問題となります。

ただ、実際に嫌疑をかけられた方の多くは、同意があったと主張します。ところが、弁護士から見れば、刑法が定義している「同意」には不十分と言えるケースが多々あるのです。

弁護士から見ても完全な同意であり、それを立証することも可能である場合は、捜査機関に対して同意があったという根拠を説明したり、起訴されれば裁判で無罪を主張することになるでしょう。しかし、その際にもしっかりと詳細に「不同意性交」ではないことの根拠を主張する必要があります。例えば、女性側から好意を示されていたことや、行為に至る経緯、行為に及ぶ前の女性の言動、行為後の女性の言動などです。

前述の通り、性交渉自体の同意は得ていたとしても、その後に雑に扱われたり、避妊をしない性行為や、性行為の様子を撮影されたりしたことに立腹し、告訴されてしまうことはあります。なぜ性行為に同意をしていたのに、女性側が告訴するに至ったのか、そのあたりの事情について心当たりがあるのであれば、それについて弁護士と共有しておくことが重要です。

法律的に同意とは言えない場合や、立証困難であると判断される場合などは、一刻も早く、被害者に示談の申し入れをして、示談を成立させる必要があります。

担当弁護士に対しても、警察の取り調べに対しても、最大の悪手は嘘をつくことです。実際に私の経験でも、嘘の主張をして不利な立場に追いやられてしまう依頼人が時々います。

例えば、女性側が騎乗位をしてきたとか、女性側からキスを迫られた、女性側が先にシャワーを浴びて待っていたなど、同意の立証に都合のいいストーリーを作ってしまうのです。

しかし、密室での行為が問題となりやすい不同意性交の事案では、被害者と被疑者どちらの供述が信用できるかが勝負になります。嘘のストーリーを供述すれば、必ずほかの証拠との矛盾が生じます。取り調べの供述に変遷が生じれば、警察や検察の信用も失ってしまいます。

取調官は、その時点で怪しいと思っていても「それは本当ですか？」などとはその場では指摘せず、「なるほど、そうなのですね」などと信用しているふりをして、淡々と供述調書に記録していくことがあります。これは、のちに供述が変遷した際に矛盾を突くための作戦なのです。

しっかりと事実を供述すれば、同意があったと主張できそうな場合でも、最初に細かい嘘をついてしまったために、被疑者の供述が信用できなくなってしまい、「同意があった」との主張が認められなくなってしまうことがあります。そう主張する場合には、最初から一貫して細かい点を含めて「同意があった」と言える根拠を主張していくようにしましょう。

不同意性交事案では黙秘は決して得策ではない

ドラマや映画の世界では、警察や検察の取り調べに「黙秘」を貫く容疑者が出てきます。黙秘は被疑者や被告人に認められた権利で、黙秘を理由に不利益を被ることはありません。しかし、現実の世界では必ずしも得策とは言えません。

犯罪の種類によっては、黙秘が有効な場合もあるのですが不同意性交事案に関しては、不利になることのほうが多いように思います。同意の存在を証明しなければならない場合には、被疑者の側から積極的に主張しなければ、被害者の言い分だけで起訴されてしまうこともあります。

私が聞いたケースで、酔った女性に対して自宅で無理やり性交渉をしたとして、在宅で任意の捜査を受けることになった男性がいました。その男性は、無理やり性交渉をしたことはないと確信していましたが、取り調べ調書が後々不利になるのではないかと考え、弁護士への相談のもと、完全に黙秘することにしました。

すると、検察官は主に女性側の言い分に基づいてその男性を起訴しました。よくよくその男性の話を聞いてみると、しっかりと話をしていれば、「同意」があったと認められる可能性が高く、少なくとも検察官に有罪の核心を疑わせ、起訴を断念させることができた可能性がありました。黙秘が裏目に出てしまった一例です。

任意出頭や逮捕後の取り調べなどでは、性犯罪事案の経験豊かな弁護士のアドバイスのもと、自らの主張とその根拠を真実に基づいて供述するようにしましょう。

第6章

性交渉以外に潜む性犯罪リスク

恋人の下着姿を撮影したら犯罪になる

２０２３年７月には、不同意性交等・わいせつ罪以外にも、性犯罪を規定する新たな罪名がいくつか誕生しています。

そのなかでも、男性のコンプライアンス基準をアップデートしなければ、逮捕されてしまうリスクが高いものについて触れておきたいと思います。

まず、新設された「性的な姿態を撮影する行為等の処罰及び押収物に記録された性的な姿態の影像に係る電磁的記録の消去等に関する法律（以下、性的姿態撮影等処罰法）」です。

この撮影罪は、他人のスカート内の下着や、性的部位を同意なく撮影・盗撮したり、相手の意思に反して性的姿態を撮影したりした場合に成立する罪です。法定刑は「３年以下の拘禁刑又は３００万円以下の罰金」と定められています。

撮影罪の新設以前にも、各都道府県が定める迷惑防止条例違反や軽犯罪法違反などで、盗撮行為は処罰の対象でした。しかし、それらの法令で想定されていたのは主に、更衣室や公衆トイレなど、公共の場所で不特定多数の人物を対象にした盗撮でした。さらに、盗撮の過程で建造物侵入罪・住居侵入罪などに抵触していればそれらの罪でも刑事責任を追及されることがありました。

一方で、撮影対象者が特定されるような方法で不特定多数に提供する行為を禁じた法律には、「私事性的画像記録の提供等による被害の防止に関する法律」があり、違反すれば「3年以下の懲役」または「50万円以下の罰金」が科されます。

同法は通称、「リベンジポルノ防止法」とも呼ばれ、その名の通り、妻や恋人など親密な関係にあった相手への嫌がらせを目的に、過去に撮影したプライベートな性的画像や動画を公開するリベンジポルノを取り締まるために施行された法律です。

ところが、自宅やホテルの部屋など、特定の場所で、例えば自らとの性行為をしている相手などを、同意なく撮影するという行為事態を直接取り締まる法律は、以前には存在していませんでした。

スマートフォンの普及により、誰もがいつでも写真や動画を撮れるという環境が広がるなか、そうした法律の穴を埋める目的で新設されたのが、性的姿態撮影等処罰法です。

この法律が指す「性的姿態」とは、以下の3つです。

・性器、肛門、これらの周辺部、臀部または胸部
・性的な部位を直接または間接に覆っている部分
・わいせつな行為または性交等がされている間における人の姿態

さらに、撮影罪が成立する構成要件については、以下のように規定されています。

・正当な理由なく、ひそかに撮影する行為
・同意しない意思の形成・表明・全うすることが困難な状態にさせ、またはその状態にあることを利用して撮影する行為
・誤信をさせ、または誤信をしていることを利用して撮影する行為
・正当な理由がなく、16歳未満の者を撮影する行為

こうした規定を踏まえると、例えば「彼女とお互いに酔った勢いでハメ撮りをした」というシナリオは、撮影罪に該当する可能性が高いと言えます。不同意性交等罪と共通する「同意しない意思の形成・表明・全うすることが困難な状態」という構成要件は、アルコールの影響下も含まれると考えられるからです。

また、臀部が性的姿態に含まれることから、「下着姿の彼女を後ろからそっと撮影した」という行為も撮影罪に問われる可能性があります。

性風俗での撮影罪容疑が多発するワケ

ただ、これまでの撮影罪容疑での逮捕事例を見てみると、デリヘルの利用時やパパ活など、金銭が介在する場面で嫌疑をかけられた男性が多いという印象があります。

2024年5月には、沖縄県那覇市内の風俗店で女性従業員との性行為を盗撮したとして、米軍キャンプ・キンザー所属の米海兵隊員の男性が、性的姿態等撮影の疑いで現行犯逮捕されています。

さらに同月には、香川県高松市内のホテルで、デリヘルから派遣された20代の女性の性的姿態を、上着の胸ポケットに忍ばせたスマホによって相手の同意なく動画撮影したとして、香川県職員の50代の男性も現行犯逮捕されています。

同年9月にも70代の男性が、山口県周南市のホテルの客室で、20代の女性の裸を同意なくスマホで撮影した撮影罪容疑で現行犯逮捕されました。被害を受けた女性から通報を受けた警察が、現場に駆けつけて御用となったようですが、男性はスマホを隠すことなく撮影していたとみられています。

「どうせお金を払うなら、後でも楽しめるように写真や動画を撮っておこう」

こう思ってしまう男性もいるのかもしれませんが、冤罪が含まれている可能性も多分にあると思われます。

注目すべきは、これらの事件の容疑者が、いずれも現行犯逮捕されていることです。同意なく撮影された動画や画像は、ネット上に拡散される恐れもあり、さらに消去したとしても復元することができる場合もあるため、不安のなかで被害女性はすぐに警察に通報する傾向があるものと思われます。

言い換えれば、撮影罪の疑いを持たれた場合は、弁明や示談交渉の余地なく警察に逮捕されてしまう可能性が高いと言えるでしょう。下着姿や裸の相手を前に、スマホを操作するなどといった、誤解を生むような行為は避けるべきです。

あかの他人の画像のリポストや転載の場合は?

また、性的姿態撮影等処罰法には、撮影罪以外にも「提供等罪」、「保管罪」、「送信罪」、「記録罪」という罪が規定されています。

提供等罪に該当するのは、撮影罪に該当する方法で撮影・記録された性的影像記録（動画や画像）を第三者に提供する行為で、法定刑は「3年以下の拘禁刑または300万円以下の罰金」となっています。また、提供先が不特定多数である場合や、公然と陳列した場合は「5年以下の拘禁刑または500万円以下の罰金」と、さらに重い罰則が用意されています。

注意が必要なのは、提供罪は自分が撮影したものではなくても、他人から譲り受けたものや、ネットで拾った性的影像記録を第三者に提供した場合でも、同様の罪になるという点です。例えば、SNSで見つけた下着姿の女性を盗撮した写真の投稿をリポストしただけでも、提供等罪に問われる可能性があります。

保管罪は、性的影像記録を第三者に提供・公然陳列する目的で保管する行為が該当し、法定刑は「2年以下の拘禁刑または200万円以下の罰金」となっています。保管する方法については具体的に規定されていませんが、スマホやPC端末、またはクラウド上に性的影像記録のデータを保存することも対象になると考えられます。

他人から送られてきたメールに性的影像記録が添付されていた場合や、ネット上のサイトなどで再生した場合、スマホやPC端末に自動的に動画や画像が保存される可能性もあります。他人への提供や公然陳列する意図がなかったとしても、あらぬ疑いをかけられぬよう注意が必要です。

「送信罪」で想定されているのは、撮影罪に該当するような性的姿態を撮影と同時にライブストリーミングで配信する行為で、撮影罪よりも重い「5年以下の禁錮刑または500万円以下の罰金」が法定刑として定められています。

そして最後の「記録罪」ですが、これは性的姿態撮影等処罰法が規定する罪名のなかで、罪悪感なく抵触してしまう可能性が最も高いと思われます。

これに該当するのは、送信罪に該当するものであると知りながら、ライブストリーミングによって配信された性的姿態を保存・記録する行為です。

例えば、動画サイトなどで、下着で就寝中の女性の姿が名前も知らない配信者によってライブストリーミングされていたとします。ひと昔のテレビではよくあった「寝起きドッキリ」ですが、その一場面をスクショしただけでも記録罪が成立してしまうのです。前述の保管罪は第三者への提供・公然陳列する目的を前提とした目的犯ですが、記録罪はその目的は問われません。

16歳未満への「会いたい」は性犯罪

2023年7月の刑法改正では、性行為への同意を自分で判断できるとみなす年齢である「性的同意年齢」が、13歳から16歳へと引き上げられました。

不同意性交等・わいせつ罪をはじめ、性犯罪を規定する罪の多くは同意がなかったことが成立の前提となります。しかし、性的同意年齢未満の相手の場合、そこに明確な同意があったとしても法的には無効です。つまり、16歳未満を相手にした性行為は、相手の意思を問わず、そのすべてが「不同意」とみなされるのです（行為者との年齢差が5歳未満のときはその限りではない）。

さらに刑法改正では、判断能力が十分でない未成年に対する性犯罪を防止するために、これまでに類を見なかったタイプの罪も誕生しました。

ここ数年、主にSNSやオンラインゲームなどで、性的な目的のために未成年に近づき、やさしく接して手なずける「グルーミング」という行為が問題視されてきました。

そうしたなかで新設されたのが、面会要求罪と映像送信要求罪です。これらはそれぞれ、わいせつ目的で16歳未満の子どもに面会を求めたり、性的影像記録の送信を要求したりする行為を犯罪として規定しています。

まず、面会要求罪の構成要件と法定刑は以下の通りです。

・16歳未満の相手に対し、わいせつを目的に、威迫・偽計・誘惑、拒まれた上での反復的な要求、利益供与またはその約束、といった不当な手段を用いて面会を要求すること（1年以下の拘禁刑または50万円以下の罰金）

・その結果、わいせつ目的で面会すること（2年以下の拘禁刑または１００万円以下の罰金）

つまり、実際に性行為やわいせつ行為に至っていなくても、それらを目的に面会した時点で面会要求罪に問われ、実際に面会した場合にはさらに重い刑罰が適用されるのです。

実際にすでに逮捕者も出ています。

２０２４年11月には、奈良県警が16歳未満に対する面会要求と不同意性交、児童買春、それぞれの疑いで大和郡山市に住む64歳の男性を逮捕しています。

警察によると男性は、通信アプリのダイレクトメッセージ機能を通じ、14歳の少女に「こんばんわ明日４時半、奈良、健全でお願いします！」などとメッセージを送信し、面会を要求していたようです。そして翌日に少女と面会し、奈良市内のホテルの一室で現金1万5000円を与える約束をしてみだらな行為を行い、児童買春に及んだとのことです。

男性が少女にメッセージで送っていた「健全」という言葉は、「性的接触なし」を意味するパパ活用語ですが、面会後にホテルに移動して性行為に及んでいることから警察は「わいせつ目的での面会」とみなしたのでしょう。

また、同年10月には青森県内で16歳未満の少女にSNSのメッセージ機能を使い、わいせつ目的での面会を求めたとして、30代の男性が逮捕されています。2人のメッセージのやりとりに、男性が少女を16歳未満だと認識していたことや、わいせつ目的を前提としていたことが認められる内容が含まれていたようです。

X（旧ツイッター）上には、例えば「金欠JC　なんでもします」というような16歳未満であることをほのめかしながら、パパ活相手を探すような投稿が散見されます。こうした投稿には、たとえ興味本位でも絶対にメッセージを送ってはいけません。

仮にあなたが、こうした投稿をしているアカウントに「2万でどう?」などとメッセージを送信し、相手が本当に16歳未満だった場合、あなたは面会要求罪で逮捕されてしまうリスクに直面するのです。

撮影罪や児ポ法とのフルコンボも

一方の、映像送信要求罪も、新設以来、逮捕者が続出しています。その構成要件と法定刑は以下の通りです。

・16歳未満の相手に対し、性交等をする姿態、性的な部位を露出した姿態などの写真や動画を撮影して送信するように要求すること（1年以下の拘禁刑または50万円以下の罰金）

こちらも、相手が実際に送信したかどうかは問われず、要求した時点で罪が成立します。

2024年11月には、オンラインゲームで知り合った都内在住の14歳の少女に、16歳未満と知りながら、「裸の写真ちょうだい」とSNS上でメッセージを送信した23歳の男性が映像送信要求の疑いで、警視庁に逮捕されています。少女はこの要求に応じていませんでしたが、学校から貸し出されたパソコンや母親のスマホを使って男性とやりとりをしていたため、母親が気づき、警察に相談したことが端緒となりました。

また、相手が実際に性的姿態を送信して受け取った場合、その写真や映像の扱い次第では前述の性的姿態撮影等処罰法が規定する各罪や、児童ポルノ禁止法違反に該当する可能性もあります。相手が16歳未満である時点で、その性的姿態は同意なく撮影されたものとみなされるためです。

その典型例とも言えるのが、横浜市在住の45歳の男性が新潟県警に逮捕された事件です。

2023年9月中旬、男性はSNSを通じて知り合った15歳の少女に対し、16歳未満であることを知りながら性的姿態を撮影して送信するように要求し、受け取った動画や画像をスマホに保存していました。その後、少女は県警に別件で事情聴取され、そのなかで事件が発覚。5か月後の2024年2月に逮捕となりました。

注目すべきは男性にかけられた容疑です。16歳未満に対する映像送信要求罪はもちろんのこと、性的姿態撮影罪、さらに動画や写真をスマホに保存したことが児童ポルノを製造したとみなされたことで、児童ポルノ禁止法違反の容疑もかけられたのです。

Xには、「私の動画を買ってください」などといった書き込みが数多く見られ、そのなかには16歳未満が運営するとみられるアカウントからの投稿も少なくありません。出来心からこうした申し出に応じてしまうと、性犯罪者として逮捕されてしまう可能性が十分にあります。

新法を悪用したリモート美人局

一方で、不同意性交等・わいせつ罪同様に、面会要求罪や映像送信要求罪を悪用した恐喝事件が頻発していることにも触れておきたいと思います。

前述の通り、Xには金銭と引き換えに性行為や性的姿態の送信を申し出る書き込みが散見され、仮に、未成年によるそうした投稿にあなたが応じた場合、性加害者として逮捕される可能性があります。さらに、リスクはそれだけにとどまりません。

そうした投稿に対しメッセージを返したところ、少女の親族や友人を名乗る人物からメッセージが届き、面会要求罪や映像送信要求罪などの罪名を挙げながら「訴えられたくなければ解決金として200万円用意しろ」などと恐喝してきた、という話をよく聞きます。

こうしたケースの多くは、初めから恐喝目当てのハニートラップで、そもそも投稿者も16歳未満などではなく、男が1人2役を務めていることがほとんどです。

しかし脅された人のなかには、〝ロリコンの性犯罪者〟として逮捕されてしまう可能性に対してパニックに陥ってしまい、要求された金額を払ってしまう人も少なくないのです。

ハニートラップとは、古来からあるゆすりの手口ですが、面会要求罪や映像送信要求罪の新設により、オンライン上で美人局が完結できるようになったのは、皮肉というしかありません。

第7章

不同意性交Q&A

これまで、主に不同意性交等・わいせつ罪についての解説や対策などを述べてきました。すでに述べた通り、この新しい法律は男女のあらゆるシーンに関係してくることから、対象となる人数は膨大で、さまざまな事情や人間関係が絡んできます。それぞれ、個別のケースがあり、簡単に有罪／無罪と判断することはできません。

しかし、読者の皆さんのなかには「どれがOKで、何がNGなのか」もう少し具体的に知りたい方もいるでしょう。

今回、本書の作成にあたり、出版社のほうで何人かの男女に取材をして、私に質問したい個別ケースを集めてもらいました。本章では、それらをQ&A方式でまとめました。

実際に、どのようなケースがあり、法的にどう解釈されるのか、見ていきましょう。

質問① 合コンの後に家に来た女性から訴えられそう

合コンで知り会った女性と盛り上がり、2人きりでバーで飲み直していたところ彼女が終電を逃してしまい、私の自宅に泊まることになりました。

家に着くと、彼女のほうからキスをしてきたのですが、こちらがその気になって服を脱がせようとした途端に「やめて」と言われ、帰ってしまいました。

その後、不同意性交の未遂や不同意わいせつ罪で訴えると彼女からメッセージが来ました。家に来たことや、キスは同意の証しとはならないのでしょうか？

また、私は身の潔白を証明するために、どうすればいいでしょうか？

相談者：東京都・30代男性

回答　合コン出席者や飲食店店員に当時の状況を確認して対処すべき

過去、刑事裁判において「密室に2人でいることを受け入れた時点で、性行為にも同意している」というふうに推認された時代もありました。

しかし、現行の不同意性交等罪のもとでは、家に来たからといって、性交渉の同意の証拠とはなりません。実際に、不同意性交等罪の疑いで逮捕される事件の多くが、容疑者の自宅での行為が問題とされたものです。

一方で、「彼女からキスしてきた」ことが明らかであれば、同意を裏付ける根拠の一つになり得ます。しかも、服を脱がせようとした時点で拒絶されて、それ以上の行為に及んでいないとすれば、不同意性交にもわいせつにも当てはまらないはずです。

しかし、ほかに目撃者もいない密室で、キスという一時的な行為について、相手が主体的に進んで開始した事実を証明することは事実上、非常に難しいはずです。

あなたに同意の確信があり、私があなたの弁護人だったとすれば、前後の行動から身の潔白を証明することを試みます。

まず、できるだけ早い段階で合コンの同席者やバーの店員などに、当時のあなたと相手の女性が、どれほど親密だったか、証言を集めます。同時に、それぞれの現場や、自宅までの動線であなたと女性が写っている防犯カメラ映像を探し、見つかれば提供を依頼します。そこに2人で仲良く歩いている様子が捉えられていれば、同意の存在を主張するための状況証拠となるからです。

あなた自身で今やっておくべきこともあります。それは、記憶が新しいうちに、合コンで女性と会ってから、バーを経て自宅に行くまで具体的に何があったのか、家ではシャワーを浴びたのか、服を着替えたのか、2人の会話の内容などをできるだけ詳細にメモをしておくことです。

その際には、できるだけ主観を排し、客観的な事実のみを書くようにしましょう。そしてそのメモを日付の改変ができないように自分宛てのメールなどで送っておけば、のちのち証拠として使える可能性もあります。

質問②　彼氏のSMプレイでケガをした

私の彼氏は以前から「Sっ気」がありました。その彼と自宅で性行為に及んでいたところ、行為が次第にエスカレートしていきました。私は拒絶したにもかかわらず、手錠などで拘束されたうえ、避妊具なしで挿入されたのです。

彼とはカジュアルなSMプレイの経験は過去にもありましたが、その日の彼はあまりにも乱暴で、私が必死に抵抗したので手首には大きなアザができました。
さらにその2か月後、妊娠していることもわかり、中絶しました。
彼とはすでに破局していますが、相応の責任を取ってほしいと思っています。
私はどうすればいいでしょうか？

相談者：神奈川県・20代女性

回答　アザができた経緯や常習性が判断のポイントになる

本書では、主に男性向けに不同意性交に関する解説をしてきました。しかし、私のもとには、女性側からの依頼もあります。このご質問をした女性が、どう対応すべきか、回答しましょう。

まず、あなたが望む「相応の責任」がどの程度なのかによって、起こすべき行動は変わってくるでしょう。

刑事処罰を望む場合には、警察に被害届や告訴状を出すことになります。

ただ、彼と性行為をすることに一旦は同意しており、事件からもすでに時間が経過していることもあり不同意性交や不同意性交致傷で被害届や告訴状を出そうとしても、警察はなかなか取り合ってくれず、すぐに逮捕ということにはならないかと思います。

しかし、今なお強い処罰感情を持っていらっしゃるようでしたら、証拠を積み上げて粘り強く被害を訴えることが大切です。

まず、あなたが彼に対して示した拒絶が性行為そのものに対してだったのか、ＳＭプレイに対してだったのかが鍵となります。性行為の中断を求めて必死に抵抗したにもかかわらず、彼が性交渉を続けたとすれば、不同意性交に該当する可能性が高いと思われます。

また、アザの原因についても、性行為を継続することを目的に彼が実力行使をした結果にできたものだと証明されれば、たとえ恋人であっても不同意性交致傷として問える可能性はあります。

警察にアザができたこと、必死に抵抗をしたにもかかわらず性交渉を強要されたことをしっかり説明すれば、被害届が受理される可能性は高いものと思います。今もまだアザが残っているようでしたら病院で診断書をもらっておくべきです。

仮に彼に対して事情聴取が行われた場合には、おそらく、過去にもあなたの同意のもとでＳＭプレイを何度も行っており、今回のアザもその過程でできたものであると主張してくると予想されます。

あなたは、事件当時の彼の行為が過去のＳＭプレイとは比較にならないほど暴力的であったか、プレイに名を借りた暴力であり、そのために性交から逃れることができなかったということを証明する必要があるでしょう。

警察に被害を申告して捜査が開始された場合、彼は逮捕され、仕事や社会的信用を失ってしまいます。そこまでの処罰は望まないという場合、民事裁判で彼を訴えるという方法もあります。ケガのうえに妊娠までされていることから、損害賠償請求の額は高額になり、彼に対して、１００万円を超える慰謝料を請求することができるはずです。

逆に、彼に対して最大限の報いを望む場合、刑事と民事の両方で訴えることも可能です。

いずれにしても、あなたが自身の心身に残された傷や処罰感情と向き合い、後悔のない解決を得られることを願っています。

質問③　メンズエステで女性に指を挿入してしまった

性的行為を伴わない出張メンズエステ店から呼んだ女性に「裏オプション代」として1万円を渡し、いわゆる「手コキ」で処理してもらいました。女性はこのとき、手を使った処理については同意しました。

しかし、そのとき、不覚にも盛り上がってしまった私は、女性の下半身に指を挿入してしまいました。後日、女性から「そこまでの行為は了承していない」と拒絶され、その後、店からも「不同意性交として告訴する」と言われています。

私の行為は罪に問われるのでしょうか？　また、こうした場合、どのように対応するのがベストでしょうか？　私には家族もおり、会社勤めをしています。起訴や逮捕は、絶対されたくありません。

相談者：大阪府・50代男性

回答　裏オプションの合意内容によって判断が分かれる

不同意性交等罪においては、女性器への指の挿入は性交とみなされます。ところが、相手の手で性器を触らせる行為は性交とはみなされず、同意がなかった場合には不同意わいせつ罪が適用されます。

つまり、あなたが「裏オプション」を契約することによって、相手が同意した内容は、性交までは含んでおらず、相手の意思に反して女性器に指を挿入した場合は、不同意性交が成立してしまうことも考えられます。

仮に、裏オプションの内容がいわゆる口淫だったとするとまた話が違ってきます。不同意性交等罪では口淫も性交とみなされるため、場合によっては裏オプションの契約により性交に同意したとみなされ、不同意性交の成立は否定される可能性もあるのです。

ただ、不同意性交等罪には「一つの行為に一つの同意が必要」という解釈も可能です。

そうでなければ、例えば口淫による性交類似サービスを提供する風俗店の客が、女性従業員の意思に反して本番行為に及んだとしても罪に問うことができなくなってしまいます。

一方で、本書で述べた通り、メンズエステ店やマッサージ店などでは、不同意性交を行ったとして示談金名目で金銭を請求されるケースも多数あり、店側が恐喝などの疑いで逮捕されるケースも発生しています。

その店で、ほかにも同様の恐喝事例がないかどうか、調べることも重要です。いずれにしても、早急に弁護士に依頼をすべきであると考えます。

質問④ ## ハメ撮り動画について元彼女から訴えられると言われた

過去に付き合っていた女性と、ノリで性行為をスマホで動画撮影したことがありました。数日後、彼女に「消してほしい」と頼まれたので、私のスマホに保存されていた動画を彼女の目の前で消去しました。

しかし、私は削除した後に女性に内緒でこっそりデータを復元し、彼女と別れたあとも実は保存していました。

最近、飲み会の席で、酔った勢いでその動画を男友達に見せたところ、その話が元彼女にも伝わってしまい、「刑事告訴する」と言われています。

撮影したときは、彼女の同意があったのですが、私は何らかの罪に問われることはありますか？

相談者：千葉県・30代男性

回答　新法施行前の行為でも「保管罪」で逮捕される可能性がある

仮に動画の撮影時が２０２３年の7月13日以降であれば、あなたの行為は撮影罪に該当すると考えられます。「彼女の同意のうえ撮影した」とのことですが、相手方は、その後に動画の削除を求めていることから、撮影についての同意は成立しないとみなされる可能性が高いからです。

また、少なくとも第三者に見せることには同意していないにもかかわらず、友人に見せてしまったことは、「特定の者以外の者が閲覧しないとの誤信をさせて撮影」という撮影罪の構成要件に合致します。

実際、パートナーだった相手の性的姿体を撮影した画像や動画を友人や知人に見せたことで逮捕される例は少なくありません。２０２５年1月にも、かつて妻だった女性の性的な姿をスマホで盗撮し、離婚後に友人に送信したとして19歳の無職の男性が撮影罪で逮捕されています。被害女性が「元夫から画像を友人に送られた」と警察に相談し、事件が発覚したそうです。

ただ、撮影されたのがそれ以前であれば、その時点では施行されていない撮影罪に問われることはないでしょう。しかし、消去した動画を復元したうえで現在も保管し、友人に見せているとすれば撮影罪とともに施行された保管罪に問われる可能性があります。

というのも、これらについては動画の撮影時点ではなく、保管をした時点での法律が適用されることも考えられるからです。

また、「リベンジポルノ防止法」違反に問われる可能性もあります。同法は撮影された本人の同意なく、性的画像や動画をインターネット上など不特定多数に公開したり、提供したりする行為を想定していますが、動画を見せた友人が複数である場合には処罰の対象とみなされることも考えられます。

刑事事件とならなくとも、プライバシーや名誉権の侵害として民事訴訟に発展すれば、100万円以上の慰謝料が認められる可能性もあります。

性的姿態を撮影された女性は、動画や画像の拡散に対する不安のなかで、できる限り強硬な手段に出るケースが少なくありません。

とにかくその動画は今すぐ消去し、弁護士をつけて相手方への謝罪を含めコミュニケーションを綿密に取り、動画や画像が拡散することへの不安を払拭すると同時に、示談交渉も開始するべきでしょう。

質問⑤ 女子高生と会う約束をしたらその父親から金銭を要求された

半年ほど前、SNSで援助交際の相手を募集していた「年齢は秘密」という「現役女子高生」とやりとりをしたのち、「3万円、ホテルでセックス」という約束をして待ち合わせをしました。

しかし、実際に会ってみるとかなり幼く、第三者に通報されるリスクが高いと考え、ホテルには行かずに1万円だけを渡して解散しました。

その後、女子高生のSNSアカウントで、父親を名乗る人物からメッセージが届き、「うちの子はまだ15歳なのでお前のしたことは面会要求罪だ。警察沙汰にされたくなければ解決金として200万円払え」と言われています。

私は会社員なので、表沙汰になってほしくありません。要求通り、素直にお金を払ったほうがいいのでしょうか？

相談者：福岡県・20代男性

回答

被害者と連絡を絶やさず「解散」したことをしっかり伝える

面会要求罪の成立には、相手が16歳未満であり、そのことを知っていたうえで面会を要求したという「故意」が前提として必要となります。

あなたは、相手の年齢を知らなかったわけですが、SNSで現役女子高生と名乗っていた相手に年齢を確認せずに面会したことは、あなたの落ち度として追及される可能性があります。

女子高生には15歳も含まれることを考えられるにもかかわらず、年齢の確認を怠ったとすれば、「16歳未満かもしれないが、それでもかまわない」というあなたの未必の故意が成立する可能性があるからです。

しかし、あなたは面会後、相手の容姿が幼かったことからホテルに行くことを断念しています。この事実により、「16歳未満でもかまわない」という未必の故意は否定され、面会要求罪が成立しないと考えられます。

相手には「面会前に16歳未満であるとは伝えられておらず、知らなかった」という事実をはっきりと伝えたうえで、やりとりを続けてみましょう。もし相手から「解決金を支払わなければ警察に被害届を出す」や「会社にバラすぞ」といった言葉が出たとしたら、警察に恐喝事件として先に被害届を提出することも可能になります。

避けるべきなのは、ＤＭのブロックやメッセージの無視などによって相手からの連絡を遮断することです。苛立った相手が警察に「16歳未満だと伝えていた」などと虚偽申告したとすれば、任意出頭を求められたり、場合によっては逮捕されたりする可能性も否定できないからです。

そもそも、ＳＮＳで現役女子高生などと名乗って売買春の相手を募集しているアカウントは、美人局や恐喝などの犯罪を目論んでいるものが少なくなくありません。１人で対処することに不安がある場合は、弁護士に相談することをお勧めします。

質問⑥ 定期的な性交渉を要求したら妻から慰謝料を請求された

結婚8年目になる妻とは、長らくセックスレス状態が続いていました。

当然ながら子供もおらず、このままでは夫婦関係が破綻すると考えた私は、妻を説得し、月に2回は性行為を行うという約束をし、この要求に彼女も一旦は応じました。

ところがある日、妻は家を出ていき、その数日後に弁護士事務所から訴状が届きました。妻は「離婚をちらつかせて性行為を迫られた」、「職も財産も持たない私は応じざるを得なかった」と主張しており、慰謝料として1000万円を要求しています。

さらに妻の弁護士は、刑事告訴の可能性にも言及しています。私には全く見に覚えがないことですが、妻側の主張は認められるのでしょうか？

相談者：神奈川県・40代男性

回答　DVやモラハラが伴えば警察が動く可能性はある

過去には「性行為に応じることは妻の務め」と解釈された時代もありましたが、現行法では、夫婦であっても、不同意性交が成立することが条文に明記されています。

しかし、夫婦という関係性に含まれる性交渉が不同意性交にあたるかは、慎重に判断されます。例えば「離婚をちらつかせる」ことが通常、脅迫として認定されることはなく、相当の悪質性が認められなければ不同意性交で罪に問われる可能性は非常に低いものと思われます。

民事訴訟においても同様で、性行為の要求が夫婦関係の一部として社会通念上、想定されるような範囲であれば、法的責任を問われる可能性は低く、慰謝料の要求は拒否してよいものと考えられます。

ただ、過去にあなたが妻に対して継続的なDVやモラルハラスメントを行っており、それが証明される場合は話が違ってきます。

そうした物理的・精神的虐待行為の一環として性的強要も行われていたと主張されれば、慰謝料請求の一部が認められる可能性もあります。

あなたが常習的に性行為を強要しており、妻が過去にも警察や公的機関、知人などにSOSサインを発しているような場合なども性的DVとして認定される可能性があります。

また、DVやモラハラの事実があり、医師の診断書などで妻の被害が証明される場合には、不同意性交事案として警察が捜査に乗り出すことも考えられます。

質問⑦　愛人関係にあるパパから中出しされた

お手当をもらって愛人関係を続けていた男性がいたのですが、性行為の際、こっそりコンドームを外して挿入され、中で出されてしまって妊娠してしまいました。私は避妊具なしの性行為には同意しておらず、男性の行為は不同意性交だと思っています。

法律上、相手に責任を追及することはできるのでしょうか？

相談者：埼玉県・30代女性

回答　妊娠しただけでは刑事責任を問うのは難しい

海外においては、相手の同意を得ずに行為中にこっそりコンドームを外すことは、「ステルシング」と呼ばれ、法律で生殖的強制や性的暴行として規定されている国も少なくありません。

例えば2010年には内部告発サイト、ウィキリークスの創設者ジュリアン・アサンジが、スウェーデンで女性と性行為に及んだ際に、同意なくコンドームを外していたという容疑で同国検察の捜査対象となりました。

ただ、現在の日本にその行為を犯罪として規定している法律は存在しません。

自身が性感染症に罹っていることを知りながら、相手の同意なくコンドームを外した結果、性感染症を感染させたという事実があれば、傷害罪に問われることもありますが、あなたの場合は、性交渉自体には同意していたようなので、不同意性交等罪は成立しないと考えられます。

もっとも、刑法上の罪に問えないとしても、民事上の不法行為として慰謝料等を請求できる可能性はあります。

妊娠するかどうかはあなたに自己決定権がありますが、相手方は無断で避妊を中断することであなたのその権利を侵害しているからです。この場合、慰謝料の相場は50万〜200円で、中絶費用や妊娠中の診療費なども請求することが可能でしょう。

質問⑧
個人売春ではヤリ逃げしても罪に問われないのか知りたい

東京・歌舞伎町など最近、街角で客待ちをしている売春婦の存在がクローズアップされています。彼女たちはお店に属しているわけでもなく、バックに男性がいないので、ヤリ逃げされることも多いと聞きます。

個人間の売買春において、相手にお金を支払わずにその場から立ち去っても罪に問われることがないと聞きました。本当でしょうか？

相談者：大阪府・40代男性

回答
ヤリ逃げしても虚偽申告され慰謝料を払わされることもある

民法では、公序良俗に反する契約は無効と定められています。

よって、違法行為である売買春に関する契約も無効であると考えられるため、支払いを拒絶したとしても契約不履行の責任を追及することができないという解釈も可能です。

一方で、条件はさておき女性側は性交については同意していることになるので、不同意性交等罪は成立しないと考えられます。

ただし、過去には売買春において支払いを行わなかった男性に対し、詐欺利得罪の成立を認めた高裁判決もあります。

とはいえ、現実問題として、ヤリ逃げされた売春女性が交番に駆け込んで「お金を取りっぱくれたから逃げた男を捕まえてくれ」と言ったところで、警察が捜査を開始することはないと思われます。

こうしたなか、最近売春女性たちの間で、男性の行為に対抗すべく「ヤリ逃げ男必殺マニュアル」とも言うべき知恵が共有されています。

女性は警察にこう言うのです。

「お金が必要だったので、ＳＮＳで知り合った人と3万円と引き換えにセックスをする約束をして、ホテルまで行ったのは確かです。でも、部屋に着いたら怖くなったので『帰りたい』って言ったんですけど許してもらえず、無理やり行為をされてしまいました。お金ももらっていません」

これが虚偽申告の常套句です。女性側が売買春の契約を直前で破棄したにもかかわらず、男性は新たな同意も得ないままに性交に及んだとすれば、これは完全な不同意性交となります。警察も捜査に着手し、じきに男性の身元を割り出すでしょう。

性犯罪者として逮捕されるリスクに直面した男性は、ヤリ逃げによって逃れた支払いの何十倍もの金額を、示談金として払うハメになるでしょう。

また、支払いについてトラブルとなったまま立ち去った男性に対して「盗撮された」と主張して撮影罪で訴えた歌舞伎町の立ちんぼ女性も実際に存在します。

警察は現場近くにいた男性を発見し、任意同行を求めて交番で事情を聞きましたが、スマホからは盗撮と思われる画像や動画は見つからなかったため、解放されました。おそらく盗撮されたというのは金を出し渋った男性への報復を目的とした女性の虚偽申告だったと思われます。

このように、売買春の場面においては、法律を振りかざして駆け引きに挑んでも、男性の分が悪くなることがほとんどです。

金を払いたくないあまり、一度渡した紙幣を女性の財布から取り返したり、偽札を渡したりする男性もいるようですが、こちらは窃盗罪や通貨偽造罪に問われるので言語道断です。絶対にやめましょう。

質問⑨ 交際半年の彼女と性行為をしたいけど法的リスクを排除したい

付き合って半年になる彼女がいますが、職場の同僚ということもあり、法的リスクを踏まえると、キスから先に進むことができません。もう半年になるので、そろそろ体の関係を持ちたいと考えています。しかし、最近は不同意性交等罪ができ、親しい仲でも相手の同意のない性行為は厳しく罰せられると聞きました。とはいえ「セックスしてもいい？」などと、言葉で同意を確認する度胸もありませんし、恥ずかしがり屋の彼女の性格上、「ダメだよ～」と返されるに決まっています。

そんな彼女と今度、１泊２日の旅行に行くことになりました。法的リスクを回避しながら次のステップに進む方法を教えてください。

相談者：広島県・30代男性

回答

性交する予定日の前後の行動次第で法的リスクを極限まで下げられる

半年の交際期間があるとのことなので、互いに信頼関係も十分に構築されており、それほど不同意性交に発展するトラブルの心配はしなくていいかと思います。

ただ、現在の法律では、２人のその場の空気で性交渉の同意を得たとすることには常にリスクが伴うことも事実です。

法的リスクを最小化するためには、明確に同意を確認することが必要であると考えます。同意確認書や同意確認アプリを利用することも一つの手ですが、それだけでは完璧ではありません。仮に「同意書へのサインを断れない状況だった」と主張されれば、同意の存在が否定されることもあり得るからです。

それよりも、本書で示してきたように、性行為に至るまでの「段階」を踏むことと、行為後のアフターケアをしっかりとすることで、不同意性交トラブルのリスクを最小化することのほうが有効です。

宿泊施設のチェックインには、相手の女性にも必ず同席してもらいましょう。また、旅行中はできるだけ周囲に親密な雰囲気を見せつけてください。間違っても公衆の面前で彼女を不機嫌にしたり、喧嘩をしたりしないようにしましょう。もしそういう状況になった場合は、その日の性行為は延期したほうがいいと思います。

2人きりになってからは行為の前には彼女から入浴してもらい、寝具にも先に入ってもらいましょう。

過去にも経験がある、キスまでの行為に大きなリスクはないと思われます。その後は、「触っていい?」、「入れていい?」などと、野暮にならない程度に、少しずつ同意のレベルをステップアップしていきましょう。

ここまでの各段階で、相手が拒絶の意思を見せなければ、合理的に考えて相手の同意を得られたと考えてよいでしょう。

緊張するからといって、酒の力を借りることは控えたほうがいいと思います。酩酊状態でことに及んだ場合、相手からは正常な判断ができなかったと主張されるリスクがあります。また、あなたが酩酊状態だった場合には、事後にトラブルになった際、あなたの記憶の信憑性が疑われることになります。

さらに重要なのが行為の後の行動です。旅行終了までに次のデートの約束をし、翌日以降もこれまで以上に相手を大事に扱ってください。

決して相手に「ヤった途端に冷たくなった」、「私は遊ばれた」などと、疑念を抱かせる行動はとらないよう心がけましょう。

質問⑩

17歳女性から頼まれてヌード画像を買ってしまった

オンラインゲームで知り合った17歳の女性からある日、「お金に困っているので裸の画像を買ってください」と言われました。同情してしまったこともあり、女性の求めに応じて電子マネーで送金すると、数枚のヌード写真が送られてきました。

映像送信要求罪は、「16歳未満に性的姿態を映像に撮って送らせること」だと思うので、17歳はセーフだと思いますが、私は何らかの罪に問われる可能性はあるのでしょうか？

相談者：宮城県・40代男性

回答

児童ポルノ製造等罪という別の法律で逮捕される可能性が高い

確かに映像送信要求罪は16歳未満に性的姿態の写真や動画を要求することで成立す

るため、あなたに画像を送った女性が17歳である場合は同罪に問われることはないでしょう。ところが、児童買春・児童ポルノ禁止法では18歳未満の性的姿態を撮影した動画や画像は「児童ポルノ」とみなされ、製造だけでなく単純所持も処罰の対象になっています。

直接の撮影者は女性側だとしても、あなたが金銭の支払いを約束して女性に撮影させたと解釈されれば児童ポルノ製造等罪容疑で、また、性的好奇心を満たす目的で所持しているとすれば単純所持罪で逮捕される可能性があります。

２０２５年１月にはSNSで知り合った17歳の女子高生にわいせつな画像を撮影させたうえ、画像を送信させたとして、24歳の男性が児童売春、児童ポルノ製造法違反（児童ポルノ製造）の疑いで逮捕されています。

児童ポルノ製造等罪の法定刑は３年以下の懲役または３００万円以下の罰金、単純所持罪の法定刑は１年以下の懲役または１００万円以下の罰金となっています。

今なおその画像を所持している場合には、ただちに削除することをお勧めします。

おわりに

２０１１年の春、私は岩手県の陸前高田市にいました。東京都主税局の新入職員だった私は、東日本大震災の直後、現地の災害対策本部に出向を命じられ、罹災証明書の発行業務などを担当していました。文字通り全てを失った方々と、膝を突き合わせる仕事でしたが、できることは限られていました。

出向が解けると私は、台東都税事務所の税務調査などを行う部署に配属されました。担当したのはソープランドやラブホテルが軒を連ねるエリアでしたが、当時は震災不況の真っただ中。資金繰りに困っている経営者の話もよく聞きましたが、こちらはあくまで税を徴収する立場でした。

こうした経験から、無力感を抱いた私は愚直ながら「困った人の役に立ちたい」と一念発起し、28歳で弁護士となったのです。

その後、弁護士3年目で、スルガ銀行の不正融資を背景とした不動産詐欺「かぼちゃの馬車事件」の被害者の訴訟代理人を務めたほか、熱海土石流集団訴訟の原告側弁護団長、そして昨年からはFC町田ゼルビアの顧問に就任するなど、世間の目を引くお仕事も数々手がけさせていただけるようになりました。

しかしその一方で、事件の大小の別なく取り組んでいるのが性加害トラブルの問題解決です。

2023年7月の刑法改正を機に、顕著に見られるようになった性犯罪事案に対する警察の積極的な姿勢は、これまで泣き寝入りせざるを得なかった性犯罪被害者に救いの光をもたらしていることは事実です。

ところが一方で、冤罪や法律を悪用した恐喝や美人局も増えていることは、これまで繰り返し指摘してきた通りです。本書では、そうした事案に巻き込まれないためのトラブル回避術を、法律の専門家として実践に即した形で紹介してきました。

ところが、個々人の法律武装や心がけだけでは、いかんともし難い事態も進行しています。

それは、「何でも性犯罪事件になり得る」という状況を背景とした、社会の萎縮と世論の法治意識の欠如です。

現行の不同意性交等罪は、性犯罪を取り締まる法律としては、イスラム圏を除いて、世界的に見てかなり厳しい運用がなされていると言えるでしょう。ある程度の信頼関係を築いている相手でなければ法的リスクなしの性行為が不可能である点は、実質的な「ワンナイト禁止令」と言ってもいいのではないでしょうか。

私の知人に40歳の弁護士がいます。彼は女性との性交渉の経験が一度もありません。彼によるとその理由は「性行為につきまとう法的リスクを考えると、女性を誘うことを躊躇してしまう」とのことです。真面目な男性ほど性交渉に対して過剰に萎縮してしまい、真っ当な男女関係を築けなくなっているのです。

また、不同意性交等・わいせつ罪に刷新されて以降、夜の東京・六本木や麻布界隈に近付かなくなった芸能人や会社経営者も少なくないと聞きます。有名人や名のある企業に勤めるビジネスマンは、標的になる可能性が高くなるからです。歓楽街での夜遊びは、本人に加害の意図が一切なかったとしても、本書で述べたように〝罠〟にかかり、一夜にして築き上げてきたものが崩れてしまうリスクがあります。

こうした状況は、若者の恋愛への興味喪失や、ひいては晩婚化・非婚化による人口減少、ナイトエコノミーの衰退といった社会全体の萎縮にもつながりかねません。

同時に、警察の拙速な捜査で逮捕された容疑者が、不起訴や無罪が確定するというケースが今後も相次げば、司法そのものへの信頼も失墜します。それだけでなく、本当に性被害に遭った女性が声を上げた場合でも、社会から「嘘つき」呼ばわりされてしまうという、一種のオオカミ少年現象が起きてしまうのではないでしょうか。

その一方で、警察が示す性犯罪事案への積極性は、マスコミやネット世論による〝人民裁判〟を助長する事態にもつながっています。

私が代理人を務めたサッカー日本代表の伊東純也選手の事案もその一例です。被害を訴える女性からの刑事告訴が受理されただけの段階で、マスコミにまるで有罪確定かのように報じられ、さらに世論もそこに乗る形でネットリンチとも言える誹謗中傷が伊東選手に浴びせられました。警察や検察には原則として告訴状を受理する義務があり、その時点では罪は確定していないどころか、容疑者ですらないにもかかわらずです。

結果、伊東選手は嫌疑不十分で不起訴処分となりましたが、アジアカップのさなかに代表からの離脱を余儀なくされ、復帰までに半年の時間がかかるなど、事件に巻き込まれたことで受けたダメージは決して小さいものではありませんでした。

片方の当事者の主張のみをもとに事実を認定し、司法の判断を待たずして犯人扱いをする一部の世論は、まさに警察や検察の性犯罪事案に対する態度と重なっています。

こうした風潮が、性犯罪事案以外にも広がることで、日本社会は人民裁判がはびこる暗い社会になってしまうのではないかと、私は危惧せずにはいられません。

そうした事態を避けるためにも、警察や司法はこの法律の運用を社会の実態に即して調整していくべきです。それと同時に、我々国民は、性犯罪に対するコンプライアンス意識を常に最新のものにアップデートしていくべきでしょう。

性交渉に限らず、男女を巡るあらゆる交渉ごとは、すべての人間に関わってくる問題です。人間が生物である以上、子孫を残そうと恋愛や性行為をするのは当然のことなのです。

不同意性交等・わいせつ罪が日本社会に与える影響を一人ひとりがしっかり考えなければいけません。

私自身も、いち弁護士としての気概を忘れず、痛ましい性加害に泣き寝入りする人も、理不尽な性加害冤罪に問われる人も、ともに一人でも減るよう、今後も活動していきたいと思っています。

2025年1月

カバー・本文デザイン：小田光美［OFFICE MAPLE］

構成：奥窪優木

編集：江 建

写真：buritora/PIXTA

※本書は記載されている関連法の内容やデータは2025年1月時点のものです。

※本書は以下の初出記事に加筆・修正のうえ再構成したものです。

『週刊SPA!』2024年6月11日〜8月27日号

加藤博太郎（かとう ひろたろう）
1986年生まれ。慶應義塾大学法学部（3年時まで法学部首席、飛び級のため単位取得退学）・同法科大学院を卒業後、大手監査法人勤務弁護士などを経て、加藤・轟木法律事務所代表弁護士。「かぼちゃの馬車」「スルガ銀行不正融資」「アルヒ・アプラス不正融資」など不動産投資や仮想通貨など数々の投資詐欺事件の集団訴訟（原告側）を担当し有名に。最近ではサッカー選手・伊東純也氏の性加害疑惑で伊東氏側の弁護を担当。メディア出演も多数。ソムリエの資格も持つ

扶桑社新書 526

セックス コンプライアンス

発行日 2025年3月1日　初版第1刷発行

著　　者………加藤博太郎
発 行 者………秋尾弘史
発 行 所………株式会社 扶桑社
〒105-8070
東京都港区海岸1-2-20 汐留ビルディング
電話 03-5843-8194（編集）
03-5843-8143（メールセンター）
www.fusosha.co.jp

印刷・製本………株式会社 広済堂ネクスト

Printed in Japan　ISBN 978-4-594-09969-5